高校劳动教育之耕读教育

主　编　程月华　　副主编　刘婧娜

中山大学出版社
·广州·

版权所有　翻印必究

图书在版编目（CIP）数据

高校劳动教育之耕读教育/程月华主编，刘婧娜副主编． -- 广州：中山大学出版社，2024.11． -- ISBN 978 - 7 - 306 - 08237 - 4

Ⅰ．G40 -015

中国国家版本馆 CIP 数据核字第 2024N4T761 号

GAOXIAO LAODONG JIAOYU ZHI GENGDU JIAOYU

出　版　人：	王天琪
策划编辑：	粟　丹
责任编辑：	邱紫妍
封面设计：	曾　斌
责任校对：	陈生宇
责任技编：	靳晓虹
出版发行：	中山大学出版社
电　　话：	编辑部 020 - 84110283，84113349，84111997，84110779，84110776
	发行部 020 - 84111998，84111981，84111160
地　　址：	广州市新港西路 135 号
邮　　编：	510275　传　真：020 - 84036565
网　　址：	http://www.zsup.com.cn　E - mail: zdcbs@mail.sysu.edu.cn
印　刷　者：	广州市友盛彩印有限公司
规　　格：	787mm×1092mm　1/16　14.75 印张　260 千字
版次印次：	2024 年 11 月第 1 版　2024 年 11 月第 1 次印刷
定　　价：	38.00 元

如发现本书因印装质量影响阅读，请与出版社发行部联系调换。

谨以此书献给中山大学一百周年华诞

(1924 — 2024)

编 委 会

主 编：程月华

副主编：刘婧娜

编 委（按所编写章节顺序排序）：

张晓艳　徐晨阳　朱冠恒　魏　蜜

梁　栋　张　雨　胡　罡　李晓云

陈素玲

序

"民生在勤，勤则不匮。"中华民族以勤于劳动、善于创造享誉于世，正是因为劳动创造，我们拥有了历史的辉煌和今天的成就。勤劳是中华民族千百年来的行为倡导和传统美德，并成为党和国家培养青年学生的重要目标之一。进入新时代，我们更应树立正确的劳动价值观，弘扬勤劳美德，推进新的百年征程，创造美好生活。习近平总书记在2020年春节团拜会上以"天道酬勤，力耕不欺"激励全国人民为实现中华民族伟大复兴而奋斗。

我国作为农业大国，农耕文明源远流长、博大精深，是中华优秀传统文化的根。几千年农业文明社会积淀的耕读文化，从"耕以致富、读能荣身"的朴素愿望到"胸怀天下、振兴中华"的理想追求，始终倡导的自强不息、勇毅担当的民族精神已成为社会共识，至今仍发挥着积极的社会影响和潜移默化的教育作用。2020年12月，习近平总书记在中央农村工作会议上指出："我国自古以农立国，创造了源远流长、灿烂辉煌的农耕文明，长期领先世界。"可见，在当今互联网高度发达的信息智能时代，历史上读书耕田的方式虽已时过境迁，但耕读文化的精神底色仍具有永恒的社会价值，应该大力弘扬光大。

"民族要复兴，乡村必振兴。""全面建设社会主义现代化国家，最艰巨最繁重的任务仍然在农村。"为了引导青年学生了解农业、读懂农村、关心农民，我们在本书中，从中国精神——劳动精神、劳动与教育的有机结合、马克思劳动观的创新发展、新时代劳动教育的新路径等角度，概述了劳动教育的时代新意；探讨了我国耕读教育的起源、新的时代内涵、融入劳动教育的途径；通过农耕概览、耕作基本技术、智慧农业、绿色农业、生物农业、功能农业等章节，概述了现代农业的新发展；以农情概览、"中央一号文件"、农业科技革命三节，概述了我国农业不断蓬勃发展的政策支持和科技动力；最后列举了几个农耕竞赛与团建交流的实践案例，作为实操参考。为了便于读者更好地掌握耕读教育的内涵与实践，同时增强可读性，各章节设计了"知识点""典型案例""延伸阅读"等内容。

本书由中山大学程月华副研究员策划。书中第一章和第二章由程月华编写；第三章由张晓艳编写；第四章由刘婧娜、张晓艳（第一节），徐晨阳（第二节），朱冠恒（第三节），魏蜜（第四节），梁栋（第五节）和张雨（第六节）共同编写；第五章由胡罡（第一、二和第四、五节）、李晓云（第三节）和陈素玲（第六节）共同编写。全书由刘婧娜统稿。

在编写本书的过程中，编者进一步体会到习近平总书记关于"必须牢固树立劳动最光荣、劳动最崇高、劳动最伟大、劳动最美丽的观念"的深刻内涵。新时代大学生的劳动教育要育人优先、遵循规律、传承历史、着力创新，引导大学生树立辛勤劳动、诚实劳动的理念，让劳动光荣、创造伟大成为铿锵的时代强音。

感谢参编同事们的辛勤付出和不懈努力，感谢出版社领导、编辑的大力支持与多方指导。唯愿此书能为高校学子实践耕读教育提供些许借鉴与启发，立足农耕实践，不断完善自我，为祖国建设添砖加瓦，为华夏大地描绘春色。

因编者水平所限，书中疏漏、错误在所难免，敬请读者批评指正，帮助我们完善和提升。

前　言

劳动创造幸福，实干成就伟业。希望广大劳动群众大力弘扬劳模精神、劳动精神、工匠精神，勤于创造、勇于奋斗，更好发挥主力军作用，满怀信心投身全面建设社会主义现代化国家、实现中华民族伟大复兴中国梦的伟大事业。

——习近平总书记在 2021 年"五一"国际劳动节的节日祝贺

"民生在勤，勤则不匮。"几千年来，以勤劳、勇敢著称的中国人民用聪明才智和辛勤汗水，创造了赓续不断、令世界瞩目的奇迹。2019 年 4 月 27 日，应邀到京出席第二届"一带一路"国际合作高峰论坛的马来西亚总理马哈蒂尔表示："马来西亚人民可以学习中国人的勤奋，因为这正是中国在短短数十年内，让国家科技达到国际先进水平的原因。"时任缅甸国务资政昂山素季也不约而同地赞叹："中国是缅甸的一个榜样，世界上没有任何一个国家在勤奋上超过中国。"（图 1）

图 1　第二届"一带一路"国际合作高峰论坛与会领导人和国际组织负责人集体合影
图片来源：新华社。

在中华人民共和国不断发展、影响世界的70多年历程中，一批批全国劳动模范登上了人民大会堂的主席台，一个个时代楷模的故事家喻户晓。"中国核潜艇之父"彭士禄院士自20世纪40年代在延安青年干部学院起步，历经坎坷，初心不改，不计名利，终身无悔为国家深潜，在我国核工业和国防科技发展史上铸就了不朽的丰碑；我国"杂交水稻之父"、"共和国勋章"获得者袁隆平院士（图2），多年磨一剑，研发了杂交水稻种植技术，并用毕生精力应用与推广，不仅为保障我国粮食安全做出了重大贡献，而且为世界和平进步树立了丰碑，出任联合国粮农组织首席顾问；"中国天眼"首席科学家、总工程师南仁东用了22年时间，设计并建成世界最大的单口径射电望远镜，助力人类观测脉冲星、中性氢、黑洞等天体，探索宇宙起源……还有更多普通而不平凡的劳动者，彰显了革命者的奋斗底色，筑就了中华人民共和国的宏伟大厦。

勤奋的劳动不仅创造了丰厚的物质财富，而且谱写了中华民族的辉煌历史，引领华夏大地复兴向荣。世代炎黄子孙赓续着天道酬勤、勤能补拙的耕读文化和传统，不畏艰苦地劳作与勇往直前地创造，才建成了今天令世界瞩目、充满活力的东方大国。

马克思曾说："历史承认那些为共同目标劳动因而自己变得高尚的人是伟大人物，经验赞美那些为大多数人带来幸福的人是最幸福的人。"

图2　袁隆平院士查看水稻长势

图片来源：腾讯网。

我们党和国家历代领导人都在植树节、劳动节等节日深入基层，与人民群众一道劳动，在多个场合礼赞劳动创造，讴歌劳动精神，并注重将尊重劳动、尊重人才的理念，传承给青少年。"劳动模范""时代楷模"等一系列闪光的称号，始终伴随着中华人民共和国的成长与壮大，成为亿万人民矢志奋斗的标杆。

兴农强国征途中，每位劳动者都不可或缺。我们只有砥砺耕耘、持续奋进，才能牢牢地把中国人民的饭碗端在自己手里，并让中国饭碗装满中国粮。

目　录

上篇　总论

第一章　劳动教育的时代新意 ………………………………… 2
　　第一节　中国精神之劳动精神 ………………………………… 2
　　第二节　劳动与教育的有机结合 ……………………………… 6
　　第三节　新时代对马克思劳动观的创新发展 ………………… 11
　　第四节　探索新时代劳动教育的新路径 ……………………… 16

第二章　耕读教育与劳动教育 ………………………………… 19
　　第一节　我国耕读教育的起源 ………………………………… 20
　　第二节　新时代赋予耕读教育新内涵 ………………………… 22
　　第三节　优化耕读教育融入劳动教育的途径 ………………… 26

中篇　耕读教育分论

第三章　农耕印记：农耕概览 ………………………………… 34
　　第一节　耕地知识 ……………………………………………… 34
　　第二节　农耕基本要素 ………………………………………… 45
　　第三节　耕作与二十四节气 …………………………………… 63

第四章　农耕体验：耕读实践探索 …………………………… 72
　　第一节　农耕基本技术 ………………………………………… 72
　　第二节　智慧农业 ……………………………………………… 95
　　第三节　守护春天——有害生物绿色防控 …………………… 107
　　第四节　生物农业 ……………………………………………… 121
　　第五节　功能农业 ……………………………………………… 135
　　第六节　观光农业 ……………………………………………… 153

下篇 品颂农耕

第五章 我国农业形势与政策 ································ 168
　第一节 我国农情概览 ···································· 168
　第二节 "中央一号文件" ································· 171
　第三节 农业科技革命 ···································· 179
　第四节 国家扶贫攻坚计划与共同富裕 ······················ 187
　第五节 国家乡村振兴战略与民族复兴 ······················ 190
　第六节 农耕竞赛与团建交流 ······························ 191

上篇 总论

第一章 劳动教育的时代新意

通过劳动教育，使学生能够理解和形成马克思主义劳动观，牢固树立劳动最光荣、劳动最崇高、劳动最伟大、劳动最美丽的观念；体会劳动创造美好生活，体认劳动不分贵贱，热爱劳动，尊重普通劳动者，培养勤俭、奋斗、创新、奉献的劳动精神；具备满足生存发展需要的基本劳动能力，形成良好劳动习惯。

——《中共中央、国务院关于全面加强新时代大中小学劳动教育的意见》（2020.3.20）

第一节 中国精神之劳动精神

2020年11月24日，习近平总书记在全国劳动模范和先进工作者表彰大会上强调了劳动精神的重要性，并精辟概括了劳动精神"崇尚劳动、热爱劳动、辛勤劳动、诚实劳动"的内涵。

当今，人类社会已经进入信息化、智能化的高科技时代，高新科技井喷式涌现，习近平总书记缘何仍然高度关注、大力弘扬劳动精神呢？劳动对于人类进步和社会发展而言，有哪些决定性的推动作用呢？

人们常说，劳动是伟大的，是光荣的，没有劳动就没有这个丰富多彩的世界。其实，没有劳动就更不会有今天"勤于学、善于思、敏于行"的现代人类。

一、劳动创造人类

谈起劳动的意义，许多人都会脱口而出恩格斯的一句名言："劳动创造了人本身。"的确，18世纪后期，马克思主义创始人之一恩格斯在《自然辩证法》的《劳动在从猿到人转变过程中的作用》一文中，用历史唯物主义的观点研究了人类的起源问题，论述了劳动在人类起源中的决定性作用，指出："劳动是整个人类生活的第一个基本条件，而且达到这样的程度，以致我们在某种意义上不得不说：劳动创造了人本身。"

众所周知，人类既是自然界进化发展的产物，又是社会劳动的产物。达尔文在1859年出版的《物种起源》一书中系统地阐述了进化学说，论证了两个主要问题：第一，物种是可变的，生物是进化的。进化论从此取代神创论，成为生物学研究的基石。第二，自然选择是生物进化的动力。生物都有繁殖过盛的倾向，而生存空间和食物是有限的，生物必须"为生存而斗争"。在同一种群中的个体存在着变异，那些具有能适应环境的有利变异的个体将存活下来，并繁殖后代，不具备有利变异的个体就被淘汰。这也是公认的大自然铁律——物竞天择、适者生存。可见，达尔文的进化论从生物学角度解答了人类起源的问题，得出了"人是由古猿进化而来的"的科学结论。但是，从猿向人的转化不是一个纯粹生物进化的过程。古猿在体质形态和群体结构上的变化，只是为人和人类社会的产生提供了自然前提；而社会的生产劳动，才是为人和人类社会的产生创造了内在机制和现实基础。

这一观点从我们的鼻祖北京猿人化石体质的特征上，也完全可以得到印证。

原始社会生产力低下、环境恶劣，猿人要想尽一切办法生存下去，在劳动中不断用脑，促进了大脑的发育，导致猿人的脑容量比类人猿大很多。

猿人在生存过程中，上肢由于承担更多的劳动，发育较快，演变成了灵活的双手；下肢主要用来行走，发育较慢且有些屈膝，导致猿人四肢发展不平衡。

面对变化无常的大自然，猿人个体抵抗灾难和风险的能力很弱，只能依靠群体劳作、共同生活的方式"抱团取暖"、繁衍生息。猿人们在共同的劳动中常常会发出声音，相互联络、彼此呼应，于是最早的语言便形成了。

因此可以说，猿人在改造自然的同时也在改造着自己。劳动是人类社会生存和发展的基础，是人类维持自我生存和自我发展的唯一手段。马克思主义哲学认为，劳动推动社会历史进步，是人作为人之最本质最显著的特征。马克思在《1844年经济学哲学手稿》中强调："对社会主义的人来说，整个所谓世界历史不外是人通过人的劳动而诞生的过程。"

二、劳动创造财富

根据马克思劳动价值论的观点,物质资料的生产过程就是活劳动借助于劳动资料生产使用价值的过程,是社会生产中的决定性因素,是创造价值的唯一源泉。随着科学技术的发展和社会生产力的提高,劳动者在一定时间内使用的生产资料量越来越多,而单位产品中包含的活劳动量减少,劳动生产率持续快速提升。"时间就是金钱,效率就是生命",这句在改革开放初期提出的口号至今仍是许多企业家的座右铭。而关注活劳动创造价值这一事实本身,就是对人的劳动价值的承认。

人类的发展历程证明:劳动创造财富是永恒的真理。人民创造历史,劳动开创未来。

新中国成立70多年来,我国人民之所以能够豪迈地"站起来""富起来",依靠的就是在中国共产党领导下的辛勤劳动和艰苦创业;今天,我们落实"四个全面"战略布局,建设美丽中国,实现"强起来"的中国梦,依然必须依靠劳动。

经济社会发展到今天,尽管通过资本运作,能够实现"以钱生钱",但这最终都必须以劳动为基础。美国的次贷危机给全世界敲响了警钟,让我们再次认识到务实劳动的伟大意义。享誉全球的华为、大疆、格力等知名企业在珠三角艰苦创业,实现了从小作坊到大企业的腾飞,继而走向全国,走向世界。其成功依靠的正是脚踏实地的劳动、坚韧不拔的创新。劳动是财富的源泉和密码,劳动创造财富是社会、历史和国家发展的不竭动力和常态。没有实体经济的支撑,虚拟经济必然如海市蜃楼,只有扎实劳动创造的财富才不会昙花一现。

在此,我们要强化两种认识。

第一,深化对创造价值的生产性劳动的认识。由于所处时代的局限,马克思在《资本论》中重点考察的是物质生产部门,认为物质生产领域的劳动才是生产性劳动并创造价值,而绝大部分非物质生产领域的劳动则属于非生产性劳动,不创造价值。在当今时代,随着第三产业的发展,服务性劳动的地位和作用越来越重要,在粮食生产、能源保障、农副产品供应方面发挥维持社会稳定的"压舱石"作用的同时,公共卫生、物流配送、环卫保洁也成为保障社会平安运转的"守护神"。这些相关领域从业人员的劳动,无疑也是创造价值、值得尊重的劳动。因此,生产性劳动已经扩展涵盖大部分非物质生产领域的服务性劳动。

第二，深化对科技、信息等新生产要素创造价值的作用的认识。古代思想家孔子曾说："工欲善其事，必先利其器。""科学技术是生产力"是马克思主义的基本原理，随着时代的发展，现代科技特别是高新技术已经成为生产力解放和发展的重要基础和标志，自主创新则成为攀登世界科技高峰的必由之路。因此，邓小平同志在1988年9月5日会见捷克斯洛伐克总统胡萨克时，提出了"科学技术是第一生产力"的重要论断。2021年5月28日，习近平总书记在中国科学院第二十次院士大会、中国工程院第十五次院士大会、中国科协第十次全国代表大会上的重要讲话中发出号召："加强原创性、引领性科技攻关，坚决打赢关键核心技术攻坚战。"我们要努力实现关键核心技术的自主可控，把创新主动权和发展主动权牢牢掌握在自己手中。

知识点

次贷危机

次贷即非标准的次级贷款，主要面向信用不良或还款能力较差的人群。次贷危机是指一些银行或金融机构将购买房屋和汽车的人的贷款凭证打包成金融衍生品，然后卖给普通投资者。这些投资者购买的许多产品都是次级贷款，而这些借款人的风险抵御能力较弱，如果不能正常偿还贷款，所有的投资者都将面临损失。

次级贷款的出现主要有两个原因：一是银行的优质贷款越来越少，只能给次级贷款客户放贷；二是次级抵押贷款的利率较高，提供高质量和低价格产品一直是商业的基本标准。

次贷危机爆发的主要原因是发达国家信贷规模的过度扩张和信贷结构的不合理。在次贷危机最严重的时期，银行住房抵押贷款的比例达到了120%，其中20%用于住房装修。2008年，由美国次贷危机引发的金融危机导致次贷机构破产、投资基金被迫关闭以及股市大幅下挫，形成了经济风暴，引起了人们对次贷危机的高度关注。

> **延伸阅读**

习近平致首届大国工匠创新交流大会的贺信

值此首届大国工匠创新交流大会召开之际,我向大会的举办表示热烈的祝贺!

技术工人队伍是支撑中国制造、中国创造的重要力量。我国工人阶级和广大劳动群众要大力弘扬劳模精神、劳动精神、工匠精神,适应当今世界科技革命和产业变革的需要,勤学苦练、深入钻研,勇于创新、敢为人先,不断提高技术技能水平,为推动高质量发展、实施制造强国战略、全面建设社会主义现代化国家贡献智慧和力量。各级党委和政府要深化产业工人队伍建设改革,重视发挥技术工人队伍作用,使他们的创新才智充分涌流。

"五一"国际劳动节即将到来,我代表党中央,向广大技能人才和劳动模范致以诚挚的问候,向广大劳动群众致以节日的祝贺!

资料来源:《习近平致首届大国工匠创新交流大会的贺信》,见新华网(http://www.news.cn/politics/2022-04/27/c_1128601677.htm)。

第二节　劳动与教育的有机结合

重视劳动,强调教育与劳动相结合,是马克思主义的重要主张。劳动教育是个复合概念,既有劳动,又有教育,通过劳动接受教育,通过教育体验劳动。

一、传承无产阶级的劳动教育观

19世纪,空想社会主义者罗伯特·欧文在英国开展了生产劳动与教育结合的实验。马克思充分肯定了欧文的实验,在此基础上提出了教育与生产劳动相结合这一全面发展思想,并在《资本论》中特别指出:"未来教育对所有已满一定年龄的儿童来说,就是生产劳动同智育和体育相结合,它不仅是提高社会生产的一种方法,而且是造就全面发展的人的唯一方法。"马克思主义认为,劳动是创造价值的唯一源泉,人民群众是物质财富和精神财富的创造者，教育要与生产劳动紧密结合。

苏联领袖、著名的马克思主义者列宁也十分重视劳动者素质的提高，强调"没有年轻一代的教育和生产劳动的结合，未来社会的理想是不能想象的：无论是脱离生产劳动的教学和教育，或是没有同时进行教学和教育的生产劳动，都不能达到现代技术水平和科学知识现状所要求的高度"。

2018年9月，习近平总书记在全国教育大会上明确提出将劳动教育纳入社会主义建设者和接班人的总体要求。较长时间以来，随着社会变迁和科技进步对传统劳动教育条件潜移默化的影响，一些学校和家庭在一定程度上忽视了劳动的独特育人功能。一些高校的学生因轻视劳动教育，导致他们不懂劳动、不愿劳动、不会劳动，且不珍惜劳动成果，衣食浪费情况严重，引发思想品行偏差、学习作息不规律、生活自理能力差、身体素质不强、室友关系紧张、心理健康受损等一系列问题，甚至出现拜金主义、不劳而获等负面思潮。

近两年来，党和国家根据新时代的新特点，相继出台了一系列有效措施，大力构建德智体美劳全面培养的教育体系，切实加强新时代劳动教育，纠偏守正，教育引导同学们在劳动实践中完善自我、强化自我，通过踏实辛勤的劳动提升自我、创造生活、健康成长。

二、摒弃和预防劳动认知中的两种偏向

在现实生活中，劳动表现为各种不同的形式，如简单劳动和复杂劳动、个体劳动和协作劳动、脑力劳动和体力劳动、私人劳动和社会劳动等。人类社会的发展证明，不同形式的劳动在社会生产发展的不同阶段，具有不同的地位和作用。但不论哪种形式的劳动，都是人类历史发展不可缺少的建设内容和推动力量，都应该得到承认、保护和尊重。这看似是一个常识，然而，目前社会上有一些人，特别是高校学子中，常常存在以下两种偏向，必须引起重视并及时纠偏。

（一）重视脑力劳动、轻视体力劳动的偏向

劳动可以实现人从个体、家庭到公共、社会之间的连接，而其中体力劳动是人类生活和社会正常运转的基础。人类最初的劳动形式是脑力和体力的结合，只有在发展到一定的历史阶段后，二者才相对分离。但从某一

项目的整个生产过程来看,二者又必须紧密结合。例如,建造一幢宏伟建筑,既要有脑力劳动者设计图纸、提供管理,又要有体力劳动者现场施工、布设管网、垒砖加瓦。可以说,所有改造世界的活动都离不开体力劳动,有了脑力劳动和体力劳动的有机结合,改造世界、改善生活的过程才会更加高效。在科技发达的今天,这一原则依然适用。

因此,劳动者,尤其是脑力劳动者,不可轻视体力劳动,因为它能够锻炼身心、开发体能,也是增进团结、友爱互助、和谐共处的原动力。在体力劳动中,人们切实感受民生的疾苦、财富的珍贵、世间的温情,培养同情心、平等心,促进团结友爱、互助协作、和谐共赢,使人的情感与智力都获得提升与进步,从而实现自我完善。正如马克思所言:"体力劳动是防止一切社会病毒的伟大的消毒剂。"

(二) 重视应用研究、轻视基础研究的偏向

部分师生认为,应用研究能够较快地推广应用到社会生产领域,直接产生经济效益和推动社会进步,其贡献可以耳闻目睹、触手可及;而理论研究则相对较为高深,往往停留在理论探讨层面,短期内难以实现实践应用、难以见到收益。

基础研究揭示客观事物的本质、运动规律,能获得关于自然现象和可观察事实基本原理的新知识、新发现、新学说,是原始创新发展的根本动力。加强基础研究是科技自立自强的必然要求,在整个创新链中具有至关重要的地位,对推动前沿技术突破、促进科技与经济的紧密结合等具有举足轻重的作用。因此,2023年7月31日,习近平总书记在《求是》发表文章《加强基础研究 实现高水平科技自立自强》,并强调:"加强基础研究,是实现高水平科技自立自强的迫切要求,是建设世界科技强国的必由之路。"

经过多年努力,我国基础研究和原始创新取得重要进展。"神舟十三号"飞船太空遨游183天顺利返回(图1-1)、"天问一号"开启火星探测,"慧眼号"直接测量到迄今宇宙最强磁场,"中国天眼"首次发现毫秒脉冲星……一系列具有国际一流水平的重大科技成果,反映出我国抢抓全球科技发展先机的亮眼成绩。事实证明,只有在基础领域奋勇争先,才能在原始创新上取得新突破,在重要科技领域实现跨越发展。

在知识经济时代,教育本身就是产业,教育的发展特别是基础学科的

发展正在成为国民经济发展的巨大动力。因此，数学、化学、物理、农学、哲学、历史、文学等基础学科重新成为各国高校重点发展和青年学生重点关注的学科。

图1-1　2022年4月16日，神舟十三号载人飞船在太空遨游183天，成功安全返回地面着陆

综上，劳动本身并无高低贵贱之分，只有奋斗目标和具体形式的不同。纵观古今中外，名垂青史的伟人，无一不是将国家富强和民族兴旺作为个人奋斗的远大目标，从而获得不竭的前进动力。而在党和国家"打虎""拍蝇""猎狐"等一系列反腐雷霆行动中的落马者，无论是曾经名声显赫的高官，还是长期善于钻营的职员，无一不是因为贪图不劳而获的个人功名利禄而身败名裂。

习近平总书记在2018年新年贺词指出："幸福都是奋斗出来的。"在2018年2月8日的春节团拜会上，习近平总书记进一步指出："奋斗本身就是一种幸福。只有奋斗的人生才称得上幸福的人生。奋斗是艰辛的，艰难困苦、玉汝于成，没有艰辛就不是真正的奋斗，我们要勇于在艰苦奋斗中净化灵魂、磨砺意志、坚定信念。"因此，有幸身处百舸争流的新时代的高校学生更需要通过开展劳动教育，牢固树立"劳动最光荣、劳动最崇高、劳动最伟大、劳动最美丽"的观念。凡是为建设中国特色社会主义事业不懈奋斗的劳动者，都应给予肯定、鼓励和物质保障，使各种劳动有机统一于社会主义现代化建设事业中。

知识点

活劳动：是指物质资料的生产过程中，劳动者的脑力和体力的消耗过程，是处于流动状态的人类劳动。与活劳动相对应的物化劳动，是指保存在一个产品或有用物品中凝固状态的劳动，是劳动的静止形式。在商品生产条件下，活劳动一方面把生产资料价值转移到新产品中，另一方面又将自身凝结在新产品中，从而创造新价值。劳动过程就是活劳动借助于劳动资料生产使用价值的过程，是社会生产中的决定性因素，是创造价值的唯一源泉。

"科学技术是生产力"的基本原理：科学技术一旦被劳动者掌握，便成为劳动的生产力；科学技术物化为劳动工具和劳动对象，就成为物质的生产力。现代科技每前进一步，都会引起社会生产力的深刻变革；科学技术，特别是高新技术，正以越来越快的速度向生产力诸要素全面渗透、多方融合，成为生产力解放和发展的重要基础和标志，以及世界各国综合国力竞争的核心和关键。

基础研究与应用研究：世界经济合作和发展组织（Organization for Economic Co-operation and Development，OECD）将科技研发活动划分为基础研究、应用研究和试验发展三种类型。基础研究是指为了获得关于自然和社会现象及其可观察事实的基本原理的新知识而进行的实验性或理论性研究，其成果反映知识的原始创新能力，包括揭示客观事物的本质、运动规律，获得新发现、新学说等，以科学论文和科学著作为主要形式，不以任何专门或特定的应用或使用为目的，必须经过应用研究才能发展为实际运用。而应用研究则是将理论发展成为能够实际运用的形式，一般分为两类：一类是应用基础研究，主要是发展基础研究成果，以确定其可能的用途；另一类是为达到具体的、预定的目标，而确定应采取的新方法和新途径，为解决实际问题提供科学依据。

延伸阅读

为农民代言初心不改的功勋人物——申纪兰

申纪兰，山西省平顺县西沟村党总支副书记，我国唯一一位从第一届连任至第十三届的全国人大代表。

她是一位普普通通的农村妇女，1946年参加革命工作。作为在黄土地上干出来的农业劳模，积极维护新中国妇女劳动权利，倡导并推动"男女同工同酬"写入宪法；改革开放以来，勇于改革，大胆创新，为发展农业和农村集体经济，推动老区经济建设和老区人民脱贫攻坚作出巨大贡献。她先后荣获"全国劳动模范""全国优秀共产党员""全国脱贫攻坚'奋进奖'"等称号。2018年12月18日，党中央、国务院授予申纪兰同志"改革先锋"称号，颁授改革先锋奖章。2019年9月17日，国家主席习近平签署主席令，授予申纪兰"共和国勋章"。

20世纪50年代，申纪兰代表中国妇女，参加了在丹麦首都哥本哈根举行的第二次世界妇女大会；后来，曾有国际友人称她为资格最老的"国会议员"。

第三节　新时代对马克思劳动观的创新发展

一代人有一代人的使命，一代人有一代人的担当。

以马列主义作为指导思想的中国共产党自新中国成立前夕起，就始终根据国家建设的推进，同步调整教育的服务功能，对马克思主义的教育与生产劳动结合（以下简称"教劳结合"）思想进行了创造性实践。"教育与生产劳动相结合"作为党的教育方针，无论是在对其重要性的认识上，还是在具体实施路径上，都经历了从初期探索确立到不断调整、日趋完善的发展过程。劳动教育在我国不同发展时期，承载了不同的社会使命和育人责任，也记载了党和国家对中国特色社会主义教育规律的不断探索，由此创新性地提出"立德树人"的根本任务，构建"五育并举"育人体系。

一、社会主义革命和建设时期

在新中国成立前夕，党中央在具有临时宪法性质的《中国人民政治协商会议共同纲领》中，就把"爱劳动"作为全体国民必备的公德之一，与"爱祖国""爱人民""爱科学""爱护公共财物"相提并论，大力倡导。

新中国成立后，中国共产党将马克思主义的教劳结合思想与我国国情相结合，创造性地进行实践，并不断总结实践经验进行理论发展，将其作为党的教育方针。1957年2月，毛泽东在第十一次最高国务会议《关于正确处理人民内部矛盾的问题》报告中指出："我们的教育方针，应该使受教育者在德育、智育、体育几方面都得到发展，成为有社会主义觉悟的有文化的劳动者。"这也是新中国成立以来第一次正式阐述的社会主义教育方针。毛泽东同志十分重视教育与生产劳动相结合问题，并在1958年春的一次谈话中明确指出："教育必须为无产阶级政治服务，必须同生产劳动相结合，劳动人民要知识化，知识分子要劳动化。"随着社会主义改造的完成，我们党实现了对社会主义教育的全面领导，把"教育与生产劳动相结合"作为基本原则，正式写入党的教育方针，并纳入《中华人民共和国宪法》，使"爱劳动"正式成为国民公德"五爱"的重要内容之一。据此，各地各类学校均把学生参加生产劳动作为一门主课，陆续推广实施，不断总结和完善。

这一时期，高校数量不多，大学生基本上都经历过两年以上的基层劳动锻炼，在跌宕起伏的命运面前大多意志坚强、刻苦进取。后来，许多人成了社会的中坚力量，其中包括全国人大常委会副委员长陈竺院士，以及著名的分子生物物理和结构生物学家饶子和院士等。

二、改革开放和社会主义现代化建设时期

党的十一届三中全会后，经过对指导思想的拨乱反正，党和国家果断地转移了工作重心，确立了以经济建设为中心的基本路线。与此同时，党和国家也对教育工作做出了一系列新的决策和调整，要求教育服务于经济社会发展和社会主义现代化建设，教育方针同步在调整中完善。至此，教育事业正本清源，步入生机勃发、加速发展的正轨。但是，轻视知识、轻视人才、轻视劳动教育等错误思想尚未完全克服，教育工作与社会主义现代化建设的需求之间的矛盾尚未根本扭转。

为此，历来尊师重教的邓小平同志投入大量精力抓教育，并赞誉"为人民服务的教育工作者是崇高的革命的劳动者"。他在1978年4月22日《在全国教育工作会议上的讲话》中指出："现代经济和技术的迅速发展，要求教育质量和教育效率的迅速提高，要求我们在教育与生产劳动结合的内容上、方法上不断有新的发展。"据此，20世纪80年代学界迅速展开了关于教育方针的大讨论，强化了新时期教劳结合的研究，加快了中小学劳动技术教育的课程化和规范化建设。

到了20世纪90年代，江泽民同志顺应科技发展趋势，强调要着力培

养青年一代的创新能力和实践能力,并从素质教育的角度再次肯定了劳技教育。1995年,我国教育史上首部《中华人民共和国教育法》正式颁布,其中明确规定:"教育必须为社会主义现代化建设服务、为人民服务,必须与生产劳动相结合,培养德、智、体等方面全面发展的社会主义建设者和接班人。"从此,我国教育步入依法治教的新时期。1999年中央出台《关于深化教育改革　全面推进素质教育的决定》,进一步强调要加强"劳动技术教育和社会实践",促进学生全面发展和健康成长。至此,"教育与生产劳动和社会实践相结合"成为新时期的教育方针,引导青少年走近自然、关注社会,积极参加社会公益和志愿服务,从而认识劳动的必然性、培养劳动的自觉性、体验劳动的获得感。

跨入21世纪,2002年党的十六大胜利召开,把"尊重劳动、尊重知识、尊重人才、尊重创造"作为党和国家的一项重大方针加以明确,进一步激发劳动、知识、人才、创造的活力,调动一切积极因素,凝聚各方力量,加快现代化建设。党的十六大强调,要尊重和保护一切有益于人民和社会的劳动。因为创造是劳动的重要形式,当今世界各国的竞争大多是人才和创造力的竞争;要坚持教育为社会主义现代化建设服务,与生产劳动和社会实践相结合,培养德智体美全面发展的社会主义建设者和接班人。

为了强化营造"四个尊重"的社会风尚,2010年4月27日,胡锦涛总书记在全国劳动模范和先进工作者表彰大会上指出:"在我们社会主义国家,一定要在全社会大力培育和弘扬劳动光荣、知识崇高、人才宝贵、创造伟大的时代新风,让全体人民特别是广大青少年都懂得并践行劳动最光荣、劳动者最伟大的真理。"此后,新时期教育方针不断发展完善,更加注重与生产劳动和社会实践相结合,党的十六大、十七大报告均提出"培养德智体美全面发展的社会主义建设者和接班人"的目标,在"德、智、体"的基础上增加了"美"。

三、中国特色社会主义新时代

党的十八大以来,随着时代的进步、科技的发展和竞争的加剧,党和国家与时俱进,为劳动教育赋予了新的内涵。2015年暑期,教育部、共青团中央、全国少工委联合出台了《关于加强中小学劳动教育的意见》,强调了新时代劳动教育综合育人功能,提出了通过劳动教育强化其他"四育",实现"树德、增智、强体、育美、创新"的新理念,引导学生德智体美劳"五育并举"、全面发展。关于劳动教育的新理念、新要求,同样适用于高校学生。就知识储备与成长要求而言,大学生不仅要"爱劳动""会劳动",更重要的是要"懂劳动"。只有从人类本质活动和社会发展规律等视角,深刻理解、由衷认同劳动的伟大意义,才能自觉运用自己所掌握的知识,利用一切可以调动的资源,为中国式现代化不倦地进行探索、创造、奉献,进而为实现中华民族第二个百年奋斗目标做出应有的贡献。

习近平总书记从黄土地上的村支书,到泱泱大国的领导人,始终保持劳动者本色,始终保持对劳动人民的深厚感情。他先后就中国梦、劳模精神、劳动精神、工匠精神、劳动教育等发表了一系列重要论述,进一步传承和发展了马克思主义劳动观,开辟了21世纪马克思主义劳动教育思想新境界。在2018年"五一"国际劳动节期间,习近平总书记再次强调:"社会主义是干出来的,新时代也是干出来的。""劳动最光荣、劳动最崇高、劳动最伟大、劳动最美丽。全社会都应该尊敬劳动模范、弘扬劳模精神,让诚实劳动、勤勉工作蔚然成风。"

2017年党的十九大庄严地宣布,我国党和国家事业发展取得了全方位、开创性的成就,发生了深层次、根本性的历史变革;社会主要矛盾已经由人民日益增长的物质文化需要和落后社会生产之间的矛盾,转化为人民日益增长的美好生活需要和不平衡不充分的发展之间的矛盾,我国已经进入中国特色社会主义新时代。由此,新时代教育的服务功能也相应发生了新变化,教育特别是高等教育要面向"四个服务"(即为人民服务,为中国共产党治国理政服务,为巩固和发展中国特色社会主义制度服务,为改革开放和社会主义现代化建设服务),同时赋予劳动教育新的使命和内涵。

新时代,党和国家将继续领导各族人民在繁荣富强道路的征途上,不倦探索,艰苦创业,自我革命,砥砺前行。因此,新时代对担当民族复兴大任的青少年提出了新的更高要求——德智体美劳全面发展。新时代呼唤劳动教育,是对劳动教育本质认识的回归。它既传承了"耕读传家久"的华夏农耕文明,又有马克思主义"教劳结合"思想的继承和发展,也是对新时代中国特色社会主义教育制度的坚持和完善。

针对当前一些青少年中出现的"不爱劳动、不会劳动、不珍惜劳动成果"的现象,习近平总书记在 2018 年 9 月 10 日的全国教育大会上特别强调指出:"要在学生中弘扬劳动精神,教育引导学生崇尚劳动、尊重劳动,懂得劳动最光荣、劳动最崇高、劳动最伟大、劳动最美丽的道理,长大后能够辛勤劳动、诚实劳动、创造性劳动。"并首次完整地提出"培养德智体美劳全面发展的社会主义建设者和接班人"的育人目标要求。

2020 年,针对各地在实施劳动教育过程中,较为普遍地存在劳动教育与经济效益、生产趋势、职业发展等关联的倾向,《中共中央、国务院关于全面加强新时代大中小学劳动教育的意见》强调:新时代劳动教育的根本目的,就是要引导学生树立正确的劳动观念和思想,培育积极的劳动精神,让学生具有必备的劳动能力,养成良好的劳动习惯和品质,推动新时代劳动教育回归初心、回归育人。可见,党和国家对劳动教育树德、增智、强体、育美的综合育人价值寄予更高期待,要求将劳动教育在教育体系中居于基础性、先导性、全局性的地位,贯穿并作用于其他"四育";强调教育要与以科学技术为基础的劳动相结合、书本知识和实践经验相结合,希望学生们通过劳动教育收获满足感、快乐感、尊严感,在潜移默化中润物无声养成专业精神、职业精神、劳动精神。

随着科技的突飞猛进和信息的迅猛传播,现代生产力中除了劳动、资本、土地等传统要素,科学技术、经营管理以及市场信息等已经成为十分重要的生产要素。同其他要素相比,科学技术的比重已上升到第一位,日趋彰显其主导作用和超前作用,成为赋能发展的重要引擎。但是,不容忽视的是,劳动在这些生产要素中依然发挥着无法替代的重要的作用。不仅土地必须依靠劳动才能得到开发和种植,资本也必须依靠劳动才能得到有效经营与管理,而且科技、信息的作用都要通过现代科学劳动才能得以发挥。只有尊重劳动,尊重知识,尊重人才,尊重创造,实现劳动和其他生产要素的优化组合,才能推动财富创造和社会进步,实现民富国强的奋斗目标。

为此,习近平总书记在党的二十大报告中再次强调,要"在全社会弘扬劳动精神、奋斗精神、奉献精神、创造精神、勤俭节约精神,培育时代新风新貌"。党的二十大首次把劳动教育写入党的报告中,提出要"培养德智体美劳全面发展的社会主义建设者和接班人"。从党的十九大报告的"德智体美全面发展"到党的二十大报告的"德智体美劳全面发展",

新增的"劳"字彰显了新时代党和国家对培育青少年劳动精神与劳动能力的重视程度。

由此可见,劳动教育始终都是马克思主义劳动观和教育观的重要内容。

知识点

如何理解坚持弘扬劳模精神、劳动精神、工匠精神?

劳模精神、劳动精神、工匠精神,是广大劳动群众在从事社会生产的劳动实践中锤炼形成的,是工人阶级和广大劳动群众弥足珍贵的精神财富。

"爱岗敬业、争创一流,艰苦奋斗、勇于创新,淡泊名利、甘于奉献"的劳模精神,是工人阶级伟大品格的具体体现,生动诠释了社会主义核心价值观,丰富了民族精神和时代精神的内涵,是激励全国各族人民团结奋斗、勇往直前的强大精神力量。

劳动精神是关于劳动的理念认知和行为实践的集中体现,在理念认知上表现为全社会尊重劳动、崇尚劳动、热爱劳动;在行为实践上表现为劳动者辛勤劳动、诚实劳动、创造性劳动。

工匠精神包括职业技能、职业素养、职业理念等多个层次,是一种钻研技能、精益求精、敬业担当的职业精神。

资料来源:王楠《如何理解坚持弘扬劳模精神、劳动精神、工匠精神?》,见中国工会新闻网(https://acftu.people.com.cn/n1/2018/1212/c67583-30461379.html)。此处有删改。

第四节 探索新时代劳动教育的新路径

新中国成立 70 多年来,我国社会主义教育体系的劳动教育经过执着探索、不断修订,积累了许多有益的经验。进入新时代,党和国家为了源源不断地培养出堪担时代重任的建设者,不断强化劳动教育,既有马克思主义教劳结合思想的引领,又有中华民族"耕读传家久"的传统,并赋予了树德、增智、强体、育美的时代新要求。

一、注重劳动教育的实践性

在"五育并举"的社会主义新型教育体系中，德智体美劳既各负使命，又相互支撑。通过以实践为核心的劳动教育，可以全面培养学生的高尚道德情操，推进以劳动经验为内容的知识教育，强健体魄意志。如果说德育弘扬"友善"，智育探求"真理"，体育追求"强健"，美育塑造"美好"，那么劳育则可以提振"潜能"。这样的战略思考与制度设计，体现了党对新时代"培养什么人、怎样培养人、为谁培养人"这一教育的根本问题的深刻认识，进一步完善了新时代的国民教育体系，也进一步彰显了国家战略与个体发展的辩证关系。因此，现代技术条件下的劳动教育强调突出实践性，必须面向国家战略、社会发展与职业需求，组织、引导学生通过体验式、项目式、契约式、探究式等劳动实践，使理论知识和实践经验相结合，培养实习实训能力、创新意识以及创业能力，获得有积极意义的价值体验，强化学习力、思想力、行动力，培养专业技能、职业精神和劳动素养，成为具有创新力的新型人才。

二、注重劳动教育的社会性

从新时代的劳动观出发，劳动涵盖了人类创造世界、改造世界的一切实践活动，大到国家和地区发展，小到个人衣食住行。因此，劳动教育具有强烈的社会性，各行各业、团体个人都需要重视并接受劳动教育，发扬劳模精神、工匠精神。相应地，新时代的劳动教育应引导学生认识社会与人生，厚植家国情怀，使劳动成为个人融入社会的桥梁。同时，注重强化学校教育与社会生活、生产实践的直接联系，让学生学会分工协作、实践创新，自觉维护社会主义社会平等、和谐的新型劳动关系。在如今的人工智能时代，数字化、智能化、网络化只是改变了人类的劳动领域、劳动方式和劳动岗位，而人类的劳动精神、劳动思维和很多劳动技能，仍是人机协同、智慧劳动、发明创造的重要基础，仍须薪火相传、发扬光大。

三、注重劳动教育的思想性

就教育规律而言，学校学习阶段应是学生对劳动从体验到认识再到理解逐步提高的过程。大学生不仅要爱劳动、会劳动，"行劳动之实"，而且要深入理解劳动的本质规律、价值创造和普遍意义,"明劳动之理",由衷认可并懂得"劳动最光荣、劳动最崇高、劳动最伟大、劳动最美丽"的道理。因此,高校劳动教育就要通过劳动科学知识与实践技能的系统学习,使学生切身感受劳动具有服务他人、服务社会、服务国家的价值,培养学生诚实守信、爱岗敬业的劳动品质,追求卓越、精益求精的劳动态度。同时,引导学生树立正确且科学的职业规划和择业理念,培养强烈的社会责任心和无私的奉献精神,为中国制造走向中国智造,进而实现中华民族伟大复兴奠定坚实基础。

❋ 参考文献 ❋

[1] 刘海军,王玉华. 马克思恩格斯科技发展观对人工智能发展的启示[J]. 理论学刊,2023(1):91-99.

[2] 曾天山. 我国劳动教育的前世今生[N]. 人民政协报,2019-05-08(10).

[3] 罗建文,李爱军. 劳动教育厚植美好生活内涵的文化基因[J]. 湖南科技大学学报(社会科学版),2020,23(5):150-158.

[4] 胡锦涛. 在2010年全国劳动模范和先进工作者表彰大会上的讲话[N]. 人民日报,2010-04-28(2).

第二章　耕读教育与劳动教育

我国自古以农立国，创造了源远流长、灿烂辉煌的农耕文明，长期领先世界。

——2020年12月28日，习近平总书记在中央农村工作会议上的讲话

众所周知，我国作为农业大国，是四大文明古国（中国、古印度、古巴比伦、古埃及）之一，也是世界上唯一拥有五千年不间断文明的国家。在上下求索的漫漫发展长路中，中华民族的耕读教育起到了核心推动作用。耕读教育作为中国传统教育的精华，推动着传统文化的赓续传承和中华文明的繁衍发展。

2021年1月4日，国家出台《中共中央　国务院关于全面推进乡村振兴加快农业农村现代化的意见》，提出了"开展耕读教育"的要求。随后，中共中央办公厅、国务院办公厅印发的《关于加快推进乡村人才振兴的意见》指出："完善高等教育人才培养体系，全面加强涉农高校耕读教育，深入实施卓越农林人才教育培养计划2.0。"助力新阶段乡村全面振兴，这也是农业农村现代化建设的应有之义。同年8月，教育部下发了《加强和改进涉农高校耕读教育工作方案》，强调："耕读教育践行'亦耕亦读'，是农林院校加强劳动教育的重要载体，也是弘扬我国耕读传家优秀传统文化的重要抓手，具有树德、增智、强体、育美等综合性育人功能。"加强和改进涉农高校耕读教育，引导学生走进农村、走近农民、走向农业，学习乡土文化，了解乡村发展，留住民情乡愁，对提升学生学农知农爱农素养和专业实践能力，培养德智体美劳全面发展的社会主义建设者和接班人具有重要意义。

第一节　我国耕读教育的起源

耕所以养生，读所以明道，此耕读之本原也。

——《围炉夜话》

我国历来有着"耕读传家"的优良传统，劳动教育源远流长，早在春秋战国时期就出现了耕读文化的雏形。"耕"是指从事农业劳作，"读"是指接受文化教育，"耕读传家"体现了我国古代文化教育与生产劳动的结合。

一、耕读教育绵延的物质土壤

古代中国是典型的农耕社会，农业生产是劳动人民赖以谋生的重要活动。历代统治者为了巩固政权也大多重视民生，鼓励农业生产，将发展农业视为国之大者，每年会在特定的日子举行与农业相关的祭祀、祈福等活动，诸如篝火、祭天、祭土地、祭谷物等，引导社会重视耕作，鼓励民众辛勤耕作。

我国地势西高东低，高原丘陵居多，平原耕地较少。在古代社会，农业生产水平不高，农户分散经营，劳动强度较大。在每个农户家中，成年劳力常年在田间辛苦劳作，为了补充劳力、传授农技，常常在田间地头、茶余饭后向未成年子女传授农事经验和生活技能，并常常将耕读列入家训之中，由此形成绵延不断的耕读文明。男耕女织、自给自足的农耕文明，不仅带来稳定的收获和财富，保障了相对富裕而安逸的定居生活，还为进一步衍生高阶的精神文明奠定了物质基础。

早在先秦时期，就已经有了士子躬耕的记载。农家学派的许行提倡耕读并举，东汉的袁闳倡导把耕田与治学并举，在《后汉书·袁闳传》中记载："居处厌陋，以耕学为业。"后来，由于仅靠农业生产难以满足生存需求，统治者逐步推行的科举考试制度，给农家青年带来了改变自身命运的机会，并成为除耕作以外的另一条主要谋生之路。北宋时，宋仁宗推行劝耕劝学政策，鼓励士人、农家子弟在本乡读书、参加科举考试。由此，各地普遍设立学堂私塾，不仅推动了早期教育的发展，而且把士人、农家子弟与家乡土地连为一体，耕读相兼的观念逐渐深入人心，成为重要的文化传统。越来越多的人开始积极主动学习，以求步入仕途、改善生活、光耀祖先。日出而作、日落而息，农耕之余读书学习，成为古代出身贫寒农家学子的生活常态，"耕读传家久，诗书继世长"，使"半耕半读"成为一种极具特色的生活方式。

二、耕读教育积淀的精神内涵

我国农耕文化的核心内涵被概括为"应时、取宜、守则、和谐"，其中"守则、和谐"的重要价值取向，就是重视家庭建设和伦理道德修养，孝亲敬祖。这种伦理风尚成为内嵌于传统农耕文化的家庭道德基因，维系了家庭成员之间"慈爱孝悌"的亲情和谐状态。耕读教育将物质生产与精神生活融会贯通，从读书人的生活方式，逐步演变成育人选才之路、治家治国之策，深刻影响了我国农业、文学、教育等领域的发展，并作为一种信仰和价值取向，推动中华文明成为全世界最长久的古老文明之一。其"和谐"观念是我国古代文化最伟大的结晶，至今仍适用于全人类的"生存与发展"主题。

（一）和谐发展的理念

我国传统文化中理想的家庭模式是"耕读传家"，即通过"耕"来获取维持家庭的物质基础，传授农耕经验；同时通过"读"来丰富家庭成员的精神生活，提高文化水平。农耕文明既是汉民族千百年来生产生活的实践总结，也是华夏儿女赓续传承的文化形态。

在农耕劳作中培育的"应时、取宜、守则、和谐"等思想和文化品格，推崇自然和谐，提倡合作包容，不仅深入人心，而且不断发扬光大，充实在当代的和谐发展理念中。我国后续相继出现的小农经济、家庭联产承包责任制，均承袭了我国传统农耕文明的特性。农耕文明的理念淳朴而深邃，例如独立自主、自强不息、团结统一、爱好和平，尊老爱幼、邻里相帮、吃苦耐劳、勤俭节约等，至今都是乡村振兴的核心内涵和社会主义核心价值观的精神财富。

（二）科学文化的赓续

我国古人通过耕读教育，从天地运行中发现了服务农耕的天文科学，如已列入世界非物质文化遗产名录的二十四节气理论，使"顺天应时"

"不违农时"成为世代农民几千年来恪守的准则,直至今日依然是人们开展农业生产活动的重要依据。2022 年我国将承办的第二十四届冬奥会选定在生机勃发的"立春"之日开幕,并以我国特有的二十四节气倒计时,从"雨水"开始,到"立春"落定。通过一幅幅与节气对应的精美画面,匠心独运地向全球彰显了二十四节气这一古老的中国岁月算法,中国文化再次给世界留下了深刻而惊艳的记忆(图 2-1)。

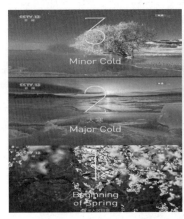

图 2-1 2022 年北京冬奥会开幕式以二十四节气倒计时

图片来源:中央电视台。

我国古人通过耕读教育,凝炼、感悟了大自然所携带的精神与文化,逐渐形成人与自然和谐统一的思想。例如:老子的"人法地,地法天,天法道,道法自然",强调人类要尊重自然规律,崇尚自然,效法天地。孔子的"推己及人""成物成己",提倡以仁待人,以仁待物。同时,颂扬耕读文化、描绘耕读生活的诗句比比皆是、耳熟能详,如:"乡村四月闲人少,才了蚕桑又插田。""锄禾日当午,汗滴禾下土。谁知盘中餐,粒粒皆辛苦。"这些诗句所包含的文化修养、勤劳品格,潜移默化、润物无声地教育了一代又一代华夏子孙。

第二节 新时代赋予耕读教育新内涵

耕读教育将农业生产与文化教育融为一体,孕育了"耕读传家"的农耕文化,既涵养了农人又培育了文人,成为几千年来中国社会盛行的优良文化传统。职业生涯总有限，读书修身却无涯。通过辛勤的耕作自食其力、改善生活，同时通过阅读学习充盈内心、修养终身。

2018年1月2日，《中共中央 国务院关于实施乡村振兴战略的意见》明确要求："切实保护好优秀农耕文化遗产，推动优秀农耕文化遗产合理适度利用。"尽管科技进步与现代化进程显著地压缩了时空，加快了社会变迁，但洋溢着乡土气息和家国情怀的传统农耕文化"父慈子孝、耕读传家"，已汇入新时代爱国主义精神的思想源流，植入每个人成长的生命感悟、价值观念和行为模式。

众所周知，实现乡村振兴现阶段最大的问题就是人才资源短缺，特别是"一懂两爱、扎根三农"的农业人才，而耕读教育是培养上述人才的教育方式与途径，提出"开展耕读教育"的时机恰到好处。加强和改进涉农高校耕读教育，让学生走进农村、走近农民、走向农业，对提升学生学农知农爱农素养和专业实践能力，培养德智体美劳全面发展的社会主义建设者和接班人具有重要意义。

一、丰富新时代耕读教育的新内涵

新时代重视耕读教育，不仅可以作为"五育并举"的重要抓手，促进学生综合素质全面提升，还可以通过实施科教文化"三下乡"、大学生"百千万工程"突击队等社会实践，引导、激励青年学生学以致用、提供服务、攻克难关，推动乡村振兴和中国式农业现代化进程。

（一）坚定信念、自强不息的耕读学习力

耕读教育源于一代代身处落后乡村的乡贤志士，他们在艰辛耕作的同时，坚持学习、提升技能，乐观坚韧、自强不息。他们在长期的农业劳作和乡村生活中，培植了"敬畏知识""脚踏实地""坚韧执着"等奋斗精神。新时代百年奋斗的新征程中，依然需要传承、弘扬自强不息的奋斗精神，培养学生理性对待现实困难、积蓄力量勇于改变的学习动力，让学生明白习近平总书记所强调的"幸福都是奋斗出来的"背后的深意。

（二）顾全大局、勇于担当的劳动观教育

由于早期农业社会生产力水平低下，人们大多以村落等形式群居。耕读教育始终包含着为民造福、和睦相处、互帮互助等大局意识。新时代随

着国际合作与竞争的交互攀升，我国在"逐步形成以国内大循环为主体、国内国际双循环相互促进的新发展格局"的新的时代背景下，更加需要运用耕读教育培养学生科学的劳动观，明确实现中华民族复兴所肩负的责任使命，了解国情农情，厚植家国情怀和"三农"情感，培育强大的凝聚力和向心力，为推进乡村全面振兴注入强大动能。

（三）知农事、强农技的农业实践能力教育

耕读教育凝结了我国劳动人民的聪明才智，囊括了几千年来通过生产实践总结积累的重要的农业生产经验技能、理论知识，形成了以知促行、以行补知的实践观念和农业情怀。新时代随着乡村振兴战略的不断深入实施，需要传承"应时、取宜、守则、和谐"等务实的耕读教育理念，紧密联系"三农"实际，拓宽学生的新农科视野，帮助学生从生物技术、信息技术、工程技术相融合的视角，学习和掌握新农科现代专业知识，丰富专业技能和人格素养，因地因时制宜，为推进农业现代化贡献智慧力量（图2-2为中山大学农学院将本科专业认知课搬到了田间地头）。

图2-2　中山大学农学院①将本科专业认知课搬到了田间地头

---

① 2024年4月，中山大学农学院更名为中山大学农业与生物技术学院。

二、避免新时代耕读教育的误区

新时代耕读教育的误区主要有两个方面。

一是"劳"与"育"脱节的"两张皮"现象。有些学校片面理解耕读教育，将其等同于劳动教育，只注重"耕"的表象，忽视了"耕"的精髓，也丢弃了"读"的内涵。

开展新时代耕读教育，需要高校、学院根据国家导向、学科特点、地区实际，同教育、农业农村等有关主管部门、涉农高新企业密切协同，做好顶层设计，明确目标，落实措施。要将耕读教育与劳动教育、生命教育和中华优秀传统农耕文化教育紧密结合，充分运用"中国农民丰收节""国际劳动节"等节庆活动和家乡社会调研、"三下乡"服务等实践活动，拓展学生的知识视野、充实学生的生活体验、陶冶学生的品行情操；要将耕读教育与学风、家风建设紧密结合，教育学生不仅追求以"耕"自立自强、勤劳致富，还懂得以"读"知书达理、修身养性，利用耕读教育的天然亲和力和感召力，重拾对乡风民俗和家庭亲情的深刻记忆，重塑乡愁情感联结和家庭伦理的美好风尚。

二是局限耕读教育的实施主体和教育对象。有些学校认为耕读教育仅适用于农村学校和农村学生，未能深刻理解城乡融合互促、城乡公共资源均等化共享等乡村振兴举措，也会错失城乡教育通过资源优势互补、共建共享而相得益彰，进而推动教育改革创新的大好机遇。

要借助高校面向粮食主产区、抗战办学老区等地设立的"乡村振兴工作站""科技小院""科技创新园""三下乡"实践基地等平台，将耕读教育与推动城乡义务教育优质均衡发展系列行动紧密结合，充分激活城市郊区农村的教育功能。特别是相对发达的珠三角、长三角地区，应借助耕读教育，坚持公益性和社会效益优先的导向，充分借助校友企业、高新涉农企业等社会力量，推动城市和乡村义务教育阶段学校结对互助，以及师生的互访交流，帮助城市学生增进对乡村生产生活的理解、包容与团结。

第三节　优化耕读教育融入劳动教育的途径

2021年，教育部关于《加强和改进涉农高校耕读教育工作方案》的通知强调："以习近平新时代中国特色社会主义思想为指导，全面贯彻党的教育方针，落实立德树人根本任务，以课程实践和耕读传家为关键，紧密结合现代农业发展和人才培养实际，积极探索新时代耕读教育新内涵、新模式，注重教育实效，培养高素质新型农林人才，为全面推进乡村振兴和加快农业农村现代化提供强有力的人才保障。"

新时代的耕读教育要久久为功，在具体实施中要注重耕读教育的持续性发展，及时构建起完善的教育体制，将耕读文化培育体现在学生发展的各个阶段。

以往，我们的教育主要是吸收全球教育的有益经验，耕读教育被不同程度地弱化。当下，随着时代发展的脚步，整齐划一的教育理念已经无法满足现代教育发展的需求，特色鲜明、生命力旺盛的民族文化教育亟待进一步得到传承、弘扬，因此需要重新审视耕读教育，找到符合自身特色的教育模式。

一、把握耕读教育的基本原则

2021年8月23日，教育部印发《加强和改进涉农高校耕读教育工作方案》，对涉农高校加强和改进耕读教育作出部署，明确了开展耕读教育的基本原则：

——把握育人导向。坚持立德树人根本任务，着力培养知农爱农新型人才，将农林专业的课堂开设到广袤的田野上，促进学生知识、能力、素质有机融合，培养学生解决农业农村复杂问题的综合能力。

——体现时代特征。适应新一轮科技革命和产业变革，针对现代农业新业态新技术，深化科教协同、产教融合，拓展耕读教育内涵与外延，创新卓越农林人才培养模式，积极推进新时代耕读教育的新探索新实践。

——坚持因地制宜。涉农高校结合办学特色和各地农业农村育人资源，健全完善协同育人机制，深度挖掘提炼耕读教育元素，将耕读教育有机融入人才培养全过程。

只有准确把握上述基本原则，才能通过新时代的耕读教育，面向青年学生厚植家国情怀和"三农"情感，汇集起推进乡村全面振兴的强大动能，为农业农村现代化发展贡献智慧力量。有人认为，近代随着科技进步和大工业生产的发展，特别是随着智能机器人等智能化农机的发展应用，无人农场、无人果园不断涌现，导致人力劳作大幅度降低，农村劳力外流，耕读教育发生基础性动摇。那么，在此时提出耕读教育是否还有价值呢？其实，现代智能机器人所替代的只是工业化时代对人类有副作用以及异化作用的劳动。在 21 世纪人类迈向生态文明的背景下，随着物质生活条件的改善，农耕劳动所携带的文化价值、精神价值以及生命教育的意义将更加凸显，更能为学生强化追寻"诗与远方"的精神力量。

二、注重耕读教育的连续性培育

耕读教育可被视为传统文化教育方式在当下的新延续，关乎学生文化心性之构造，是能够直接影响当下的文化遗产。大学应始终注重对耕读精神的价值内化、资源深化、实践转化，将耕读文化作为学校的文化底色，以耕读精神砥砺学生品质，用耕读教育培育新农科人才，担当强农兴农使命，助力乡村振兴。

面对立德树人的根本使命，新时代耕读教育与国家对人才的培养目标和要求完全吻合，意义更加重大。大学应把广袤的田野作为学生接受思想政治教育、传承耕读文化的大课堂，通过红色研学基地等平台建设，对大学生开展耕读文化孕育红色教育的认知分享，以及专业理论的实践运用；开展粮食安全、节约粮食等农情调研，从学习、生活点滴感悟耕读文化的存在与发展，提高传承耕读文化的自觉和能力，解决各学段耕读教育之间的话语断层问题，使学生对耕读文化有完整、系统的把握。图 2-3 为中山大学农学院学生参与劳动教育实践。

高校劳动教育之耕读教育

图2-3　中山大学农学院学生参与劳动教育实践

三、开展满足多元需求的耕读活动

把"耕读精神"教育与思想教育、社会实践、科技创新等结合起来，让学生在"学与读"之外深"耕"，大力培养美丽乡村规划、农产品深加工、特色产业发展、现代乡村治理等方面人才，持续为国家粮食安全和乡村振兴战略提供坚实支撑。

学校构建的耕读特色课程应从回归生活、知行合一教育的视角切入，以立德树人为根本，以学生的健康成长、全面发展为目标，以专业实践认知、农业发展、人与自然、劳动教育等为主要内容，让学生走进田野、体验劳作、赏读圣贤之作，"耕"以强体，"读"以润心，促进学生知行合一、身心两健、德才兼备。

学校应利用科教实践基地、智慧农创园等平台，广泛开展社会实践研修。根据农时农事、因地制宜，组织学生积极调研、交流、展示我国传统农耕文化中自然形成的生产方式和生活习俗，如江南圩田、岭南围屋、西南梯田、岭南蚕桑、东北狩猎等特色鲜明的文化，激发爱国、善待自然、感恩乡邻的情感。让学生就近下田进林，认识谷物田地，采摘农作物，加工农特产品，美化自然景观，打造班级"习农知文""快乐种植""收获分享"特色耕读实践品牌活动，实现以耕促德、以耕促智、以耕促体、以耕促美、以耕促劳的目标。举办与劳动相关的诗文诵读表演、"三农"知识竞赛等多种活动，激发学生的耕读热情，不仅可以积累知识，更能够通过实践理解、认识自然与生命,加深对社会、民族、国家的感悟,培养自身的家国认同感与责任担当,增强在"希望的田野"干事创业的热情和能力,"播种良好习惯,收获健康人生"。图2-4为中山大学农学院一行参观中国农业大学云南大理的科技小院。

图2-4　中山大学农学院一行参观中国农业大学云南大理的科技小院

延伸阅读

教育部就支持建设一批科技小院答记者问

问:请简要介绍什么是"科技小院"?

答:"科技小院"研究生培养模式是指研究生培养单位把农业专业学位研究生长期派驻到农业生产一线,在完成理论知识学习的基础上,重点研究解决农业农村生产实践中的实际问题,着力培养知农、爱农、兴农的农业高层次应用型人才。这种集人才培养、科技创新、社会服务于一体的培养模式，实现了教书与育人、田间与课堂、理论与实践、科研与推广、创新与服务的紧密结合，辐射带动全国涉农高校深化研究生培养模式改革，引导研究生把论文写在中国大地上，助力脱贫攻坚，生动诠释了研究生教育"培养什么人、怎样培养人、为谁培养人"的重大命题。

问：请问在推进农业农村现代化与实现乡村全面振兴中，"科技小院"发挥了哪些作用？

答：党的十八大以来，教育战线发挥自身优势，在精准脱贫攻坚战中主动作为。在三部门支持下，中国农村专业技术协会、全国农业专业学位研究生教育指导委员会和中国农业大学等高校积极推动，目前全国已有30余所涉农高校陆续建立了300多个科技小院，范围包括广西、四川、云南、内蒙古等地，涵盖了粮食作物、经济作物、药用作物、牧草作物、养殖业、林业、食品加工、种养一体化等9类产业的135个农产品类型。2009—2020年间，科技小院累计服务贫困村近600个，贫困户4.85万户，贫困人口17余万人。一大批"科技小院"发展势头良好，探索了有益经验。10多年来，先后有800余名校内外导师和1500多名研究生参与到"科技小院"的建设和运行中，制定技术规程113套，创新单项技术284项，制作农民培训材料276套，宣传展板600余幅，田间观摩辐射8万余人，累计线下培训农民20余万人。

问：请问"科技小院"模式推广有哪些基础？

答：一是农业农村优先发展是国家战略，产业兴旺是首要要求，农业是我国国民经济的基础，习近平总书记多次提出："中国人的饭碗任何时候都要牢牢端在自己手上。"进入实现第二个百年奋斗目标新征程，我国全面推进乡村振兴，推动农业高质量发展，加快农业农村现代化，让广大农民生活芝麻开花节节高，对农业人才需求仍然十分迫切。二是如前所述，"科技小院"模式经受了实践检验，为乡村振兴提供人才和智力服务以及技术和物资支撑的效果明显，让农业科技"从田间来，到田间去"，受到农业生产一线的欢迎。三是越来越多的涉农高校强化实践导向、应用导向的人才培养，鼓励学生将论文写在中国大地上，让实验室里的科研成果在广袤的田野上落地生根，有着借鉴推广"科技小院"模式的积极性。四是三部门和相关社会组织对推广"科技小院"模式高度重视，积极支持鼓励高校和科研院所开展乡村振兴智力服务，实现高校培养人才和服务社会的完美结合。因此，目前积极稳妥地推广"科技小院"模式有多方面的较好基础。

问:推广"科技小院"模式预期会取得哪些方面成效?

答:"科技小院"模式在全国的进一步推广,将为涉农高校创新人才培养、服务乡村振兴探索更加宽广的路径;为科技成果加快转化为农民可用技术提供强劲推动力。我们相信,随着全国"科技小院"网络、队伍和社会影响力的不断扩大,必将在培养知农爱农创新人才、保障国家粮食安全、推动绿色发展和乡村振兴中,发挥越来越大的引领作用。同时,也会有越来越多的导师和研究生加入"科技小院"工作,深入农业生产一线开展生产技术研究推广和科普服务工作,在乡村振兴中建功立业、成长成才,为经济社会高质量发展做出新的更大贡献。

资料来源:《助力乡村人才振兴 农业硕士培养模式改革再出发——教育部学位管理与研究生教育司负责人就〈关于支持建设一批科技小院的通知〉答记者问》,见中华人民共和国教育部网站(http://www.moe.gov.cn/jyb_xwfb/s271/202208/t20220823_654707.html)。此处有删改。

深入思考

1. 如何发挥地域优势,打造富有实效和特色的耕读教育品牌?
2. 如何调动师生、高校、企业、地方各方积极性,协同推动耕读教育?

✳ 参考文献 ✳

[1] 教育部关于印发《加强和改进涉农高校耕读教育工作方案》的通知[J]. 中华人民共和国教育部公报, 2021 (11): 45-47.

[2] 过国忠, 李丽云, 刘廉君, 等. 耕读教育:从土地和自然中汲取成长的力量[N]. 科技日报, 2021-03-18.

中篇　耕读教育分论

第三章 农耕印记：农耕概览

第一节 耕地知识

导语

民以食为天。

耕地是粮食生产的命根子，是中华民族永续发展的根基。

——习近平总书记2022年看望参加政协会议的农业界、社会福利和社会保障界委员时强调

学习目标

知识目标：了解耕地、耕作制度概念，了解我国作物布局的基本概况。

能力目标：掌握间作、混作、套作和复种等种植方式，合理运用轮作、连作及养地制度提高地力。

素养目标：树立服务农业和耕地保护意识，培养知农爱农精神，涵养大国三农情怀。

农为邦本，本固邦宁。农业是人类生存与社会发展的根基，我国自古以农立国，创造了源远流长、灿烂辉煌的农耕文明，长期领先世界。中华民族建立的精耕细作的农业技术体系，推动了中国文明的形成，也推动了世界文明的进程。直到今天，现代农业依然是国民经济的基础。党的十八大以来，我们党高度重视国家粮食安全，始终把解决好十几亿人吃饭问题作为治国安邦的头等大事，坚持藏粮于地、藏粮于技，实行最严格的耕地保护制度。

一、耕地现状及分布

根据《土地利用现状分类》（GB/T 21010—2017），耕地是指种植农作物的土地，包括熟地，新开发、复垦、整理地，休闲地（含轮歇地、休耕地）；以种植农作物（含蔬菜）为主，间有零星果树、桑树或其他树木的土地；平均每年能保证收获一季的已垦滩地和海涂。耕地中包括南方宽度小于1.0 m、北方宽度小于2.0 m固定的沟、渠、路和地坎（埂）；临时种植药材、草皮、花卉、苗木等的耕地，临时种植果树、茶树和林木且耕作层未破坏的耕地，以及其他临时改变用途的耕地。二级分类为水田、水浇地、旱地。

（一）我国耕地现状

第三次全国国土调查数据显示，全国共有耕地12786.19万公顷。其中，水田3139.20万公顷；水浇地3211.48万公顷；旱地6435.51万公顷（图3-1）。

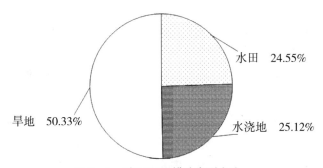

图3-1 我国不同耕地类型占比

耕地属于不可再生资源，我国人口众多，耕地资源有限，人均耕地少，目前还存在耕地整体质量下降、耕地退化严重、耕地后备资源不足等问题，高质量耕地资源的稀缺已成为制约经济、社会可持续发展的重要因素。

2022年"中央一号文件"提出："落实'长牙齿'的耕地保护硬措施，实行耕地保护党政同责，严守18亿亩耕地红线。""强化耕地用途管制，严格管控耕地转为其他农用地。"历史证明，保护好有限的耕地资源,不仅仅是关系粮食安全的关键问题,更是关系民族存亡、文明兴衰的重大问题。人多地少的基本国情,决定了我们必须把关系十几亿人吃饭大事的耕地保护好。

(二) 我国耕地资源分布

我国耕地资源分布不均,据第三次全国国土调查主要数据公报,64%的耕地分布在秦岭-淮河以北。黑龙江、内蒙古、河南、吉林、新疆等5个省份耕地面积较大,占全国耕地的40%。

位于年降水量800 mm以上(含800 mm)地区的耕地4469.44万公顷(67041.62万亩),占全国耕地的34.96%;位于年降水量400-800 mm(含400 mm)地区的耕地6295.98万公顷(94439.64万亩),占49.24%;位于年降水量200-400 mm(含200 mm)地区的耕地1280.45万公顷(19206.74万亩),占10.01%;位于年降水量200 mm以下地区的耕地740.32万公顷(11104.79万亩),占5.79%。

二、耕作制度

耕作制度,亦称农作制度,是指一个地区或生产单位的农作物种植制度以及与之相适应的养地制度的综合技术体系。

耕作制度是在一定的自然经济条件下形成的,并随生产力发展和科技进步而发展变化,在农业生产中占有极其重要的地位。我国人口众多,耕地资源有限,采用因地制宜、科学合理的耕作制度,可优化调整农业产业结构,并有效利用和保护土地资源,提高土地综合生产能力,助力实现现代农业可持续发展,为国家粮食安全提供重要保障。

(一) 种植制度

种植制度是指一个地区或生产单位的作物组成、配置、熟制、种植方式的总称,是耕作制度的主体。合理的种植制度,可以充分利用当地的自然资源与经济资源,有效协调农户、地方与国家需求的关系,促进农业技术综合发展,提高农业综合生产力。种植制度的内容主要包括以下四个部分。

1. 作物布局

作物布局是指某一地区或生产单位对欲种植农作物的种类、品种及种植面积所做的安排，主要解决种什么作物、种多少面积、种在什么地方的问题，是整个种植制度的中心。

2. 种植方式

种植方式是指同一地块上一年内所安排作物的种植形式，包括单作、间作、混作、套作、复种。

单作：在同一地块上，一个生育期内只种一种作物的种植方式，亦称清种或平作，例如大面积种植水稻、小麦、玉米等作物。这种种植方式下作物群体结构单一，作物生长发育进程及对环境条件要求一致，便于田间统一管理及机械化作业，是目前机械化、规模化生产的重要方式。

间作：指在同一地块上于同一生长期内，分行或带状间隔种植两种及两种以上生育期相近作物的种植方式。通常用"‖"表示。例如玉米间作大豆，记为"玉米‖大豆"。间作作物间可产生一定互补作用，充分利用光能和 CO_2，提高作物产量；同时可实行分别管理，便于机械化作业。在农业生产中应用广泛，常见的类型有禾本科作物与豆科或薯类作物间作、蔬菜瓜果间作、农林间作、果农间作等。

混作：在同一地块内，混合种植两种或两种以上生育期相近的作物的方式。通常用"×"表示。混作可提高土地的利用率，但田间管理不便，要求混种作物的生态适应性比较一致。

间作和混作实质上是相同的，均是两种或两种以上生育期相近的作物在田间构成复合群体，是集约利用空间的种植方式；不同的是，间作作物在田间分布规则，而混作作物分布不规则。

套作：指在前季作物生长后期的株、行间种植（播种或移栽）后季作物的种植方式，也称为套种、串种，通常用"/"表示。与间作的不同在于作物共生期的长短，每种作物共生期均不超过其全生育期的一半时为套作，只要有一种或以上作物超出则为间作。套作不仅能阶段性地充分利用空间，且能延长后季作物的生长季节，集约利用时间和光热水资源，提高作物年总产量，是农业上的一项增产的重要措施。

复种：是指在同一地块上一年内接连种植两季或两季以上的农作物的种植方式。复种方法有多种，可在前茬作物收获后播种或移栽后茬作物，也可在前茬作物收获前将后茬作物播种或移栽在前茬作物的株、行间（即套作），还可以通过再生作物实现复种。常用符号"—"表示年内复种，用符号"→"表示跨年度接茬播种。复种在我国应用十分普遍，合理的复种可以提高资源的利用效率，促进农业全面发展，提高社会经济效益。

3. 轮作与连作

轮作：指在同一地块上，有顺序地在季节间和年度间轮换种植不同作物或复种组合的种植方式。常见的轮作形式有禾谷类作物与豆科作物轮作、粮食作物与绿肥作物轮作、水旱轮作等。轮作可有效地改善土壤的理化性状、农田生物种群结构，有利于土壤养分的均衡利用和病、虫、草害的防治，提高经济效益。

连作：在同一地块上，连年种植相同作物或采取相同复种方式的种植方式。长期连作同一种作物容易造成土壤中某种营养元素的缺乏、病原微生物迅速繁殖、土壤微生物种群结构失衡等，导致作物生长不良，产量降低，品质下降。需要注意的是，不同作物甚至同种作物的不同品种对连作的反应不同，有的比较耐连作，有的则对连作有明显的不良反应，较耐连作的作物有水稻、麦类、玉米、棉花、甘蔗等。

4. 熟制

熟制：指在同一地块上于一年之内种植作物的季数，一季以上的即称为多熟制。我国多熟制类型主要有一年两熟（如小麦—单季稻）、两年三熟（如春玉米→冬小麦—甘薯）、一年三熟（如油菜—早稻—晚稻）。

（二）养地制度

养地制度指与种植制度相适应的以提高土地生产力为中心的一系列技术措施。合理的养地制度能够保障农田可持续生产能力，保护资源环境及农产品质量安全。养地制度主要包括以下几个方面。

1. 耕作层的管理

耕作层又称为熟土层，是指农业耕作经常作用的土层，也是作物根系分布的主要土层，厚度一般为 15 cm～25 cm。耕作层管理的主要目的是提高土壤的综合肥力，包括土壤耕作、施肥、灌溉排水等农业措施。

土壤耕作是通过农机具的机械力量作用于土壤，调节土壤固、液、气三相在耕层的位置和结构,改变耕作层土壤的物理状况,从而更好地调节土壤水分、热量状况,调节土壤微生物活动和营养物质释放及作物根系的呼吸和生长,为作物生长发育提供适宜的土壤环境条件。

2. 农田基本建设

农田基本建设是为了改善农田的整体环境,如平田整地、治沙改土、农田排灌等。

3. 农田保护

农田保护是为了改善种植业大环境,保证生产的持续性,如土壤侵蚀及水土流失控制、农田防护林建设、保护性耕作、复垦等。

三、我国作物布局

作物布局是农业生产的中心环节,是农业区划的重要依据和组成部分,合理的作物布局,可以满足对农产品种类、数量和质量的需求;解决作物与作物,作物与土壤,国家、集体与个人间的矛盾,有利于制定合理的农业区划并实现区域农业有效的管理与调控。

我国的作物结构,素以粮食为主,经济作物为辅。2022年,各地大力发展紧缺和绿色优质农产品,粮食生产品质提升,结构优化。据国家统计局公告,2022年全国粮食播种面积118332千公顷(177498万亩),比2021年增加701千公顷(约1052万亩),增长约0.6%。全国粮食总产量68653万吨(13731亿斤),比2021年增加368万吨(74亿斤),增长0.5%。[①]

(一)粮食作物布局

粮食作物是种植业的主体。粮食作物占农作物总播种面积的75%左右。我国主要有九大商品粮基地:三江平原、松嫩平原、江汉平原、江淮地区、成都平原、洞庭湖平原、鄱阳湖平原、太湖平原、珠江三角洲。

总体而言,南方地区以稻谷为主,兼有麦类等;华北地区以小麦、玉米为主,兼有大豆等;东北地区以玉米、高粱、谷子、水稻、春小麦为

[①] 《2022年全国粮食总产量达13731亿斤 实现增产丰收》,见中华人民共和国中央人民政府网站(https://www.gov.cn/xinwen/2022-12/12/content_5731544.htm)。

主；西北地区以春小麦、玉米、杂粮为主；青藏高原以青稞、春小麦为主。

(二) 其他作物布局

经济作物中棉花种植较为普遍，主要产区分布在黄河流域的黄河中下游干流沿岸、长江中下游和沿海平原地区、西北内陆地区的河西走廊、塔里木河沿岸、玛纳斯河垦区。油料作物中油菜是播种面积最大、地区分布最广的油料作物，主要产区在长江流域。花生主产于河南、山东、河北、广东、安徽、广西、四川、湖北、辽宁等。糖料作物表现为南甘蔗北甜菜。茶主要分布于长江流域及云贵川地区。烟草种植分布广，从中温带到亚热带地区均有种植。蔬菜作物在西北地区较少，其他地区均有种植。温带水果主要分布在黄淮海地区与辽宁。亚热带水果种植主要分布在华南与长江流域。

知识点

我国耕作制度分区

鉴于全球气候变化和科技进步对农业生产发生了重大影响，我国农业生产水平及作物种植结构业在不断调整变化，因此耕作制度的区划也应当予以调整，中国农业大学陈阜教授等于2021年对我国耕作制度区划进行了调整，新的区划方案将我国耕作制度分为3个熟制带、11个一级区和41个二级区，为农业结构调整与布局优化提供较为准确的科学依据。详见表3-1。

第三章 农耕印记：农耕概览

表 3-1 中国耕作制度区划

熟制带	耕作制度一级区	耕作制度二级区	耕作制度一级区	耕作制度二级区
一熟区	1 东北平原丘陵半湿润喜温喜凉作物一熟区	1.1 大小安岭农林区 1.2 三江平原农业区 1.3 松嫩平原农林区 1.4 长白山地农林区 1.5 辽东滨海农渔区	二熟带	6 黄淮海平原丘陵灌溉农作二熟区	6.1 燕山太行山山前平原农业区 6.2 冀鲁豫低洼平原农渔业区 6.3 山东丘陵农渔区 6.4 黄淮平原农林区
	2 长城沿线内蒙古高原半干旱温凉作物一熟区	2.1 内蒙古草原农牧区 2.2 辽吉西蒙东南冀北山地农林牧区 2.3 晋北后山坝上高原农林牧区 2.4 河套银川平原农林牧区 2.5 鄂尔多斯高原农牧区 2.6 阿拉善高原牧区		7 西南山地丘陵旱地、水田二熟区	7.1 秦巴山林农区 7.2 渝鄂湘黔浅山农林区 7.3 贵州高原农林牧区 7.4 川滇黔高原山地农林牧区 7.5 云南高原农林牧区
	3 甘新绿洲喜温作物一熟区	3.1 北疆准噶尔盆地农林牧区 3.2 南疆塔里木盆地农牧区 3.3 河西走廊农林区	三熟带	8 四川盆地水田旱田二熟区	8.1 盆西平原农林区 8.2 盆东丘陵山地农林区
	4 青藏高原喜凉作物一熟区	4.1 青北甘南部中部沟谷农业区 4.2 藏北高原高原牧区 4.3 藏南高原谷地农林牧区		9 长江中下游平原丘陵二熟区	9.1 鄂豫皖低山丘陵农林区 9.2 江淮平原农业区 9.3 沿江平原农林区 9.4 两湖平原农林区
	5 黄土高原易旱温作物一熟、二熟区	5.1 黄土高原北部旱塬农林牧区 5.2 黄土高原南部旱塬农林牧风区 5.3 黄土高原西部旱作农林牧区 5.4 汾渭谷地一熟二熟农林区 5.5 豫西晋东丘陵山地二熟农林区		10 南岭及浙闽沿海丘陵山地二熟区	10.1 浙闽沿海丘陵农林渔区 10.2 南岭丘陵山地农林牧区
				11 华南丘陵平原水田旱地二熟区	11.1 华南平原农林渔区 11.2 西双版纳山地丘陵农林牧区

资料来源：陈阜、姜雨林、尹小刚《中国耕作制度发展及区划方案调整》，载《中国农业资源与区划》2021 年第 3 期，第 1—6 页。此处有删改。

典型案例

高标准农田"高"在哪

9月16日,《全国高标准农田建设规划(2021—2030年)》(以下简称《规划》)正式对外公布。《规划》明确,到2025年累计建成10.75亿亩并改造提升1.05亿亩、2030年累计建成12亿亩并改造提升2.8亿亩高标准农田;到2035年,全国高标准农田保有量和质量进一步提高。

高标准农田"高"在哪儿?如何建?在9月16日举行的国务院政策例行吹风会上,农业农村部副部长张桃林、国家发展改革委农村经济司负责人邱天朝、财政部农业农村司负责人姜大峪、农业农村部农田建设管理司司长郭永田对此进行了解析。

"高标准农田是旱涝保收、高产稳产的农田,是耕地中的精华。"张桃林开宗明义。"从近些年的实际情况看,高标准农田建成以后,能够显著提高水土资源利用效率,增强粮食生产能力和防灾抗灾减灾能力,建成后项目区粮食产能平均能够提高10%~20%。"张桃林指出。

《规划》提出,到2030年累计建成12亿亩并改造提升2.8亿亩高标准农田。"如果按1亩1000斤产量来计算,12亿亩就能稳定1.2万亿斤以上粮食产能。这约为我国当前粮食产量(1.3万亿斤以上)的90%,将为保障国家粮食安全发挥不可替代的作用。"张桃林给记者算了一笔账。

郭永田表示,高标准农田的"高"和"不可替代"有四大体现,"第一个'高'是农田质量高,第二个'高'是产出能力高,第三个'高'是抗灾能力高,第四个'高'是资源利用效率高。"

郭永田介绍,从各地的实践看,高标准农田建成以后,一般能提高10%到20%的产能,也就是100公斤左右的产能。截至去年年底,全国已建成8亿亩高标准农田,对保障我国的粮食安全发挥了重要支撑作用。

农业农村部调研发现,高标准农田项目区机械化水平比一般非项目区要高15到20个百分点,高标准农田项目区的规模经营流转率一般比非项目区要高30个百分点。高标准农田项目区的新型经营主体占比比非项目区要提升20个百分点以上。这些都表明,高标准农田对于保障粮食安全功不可没。

资料来源:李慧《高标准农田"高"在哪》,载《光明日报》2021年9月17日,第10版。此处有删改。

延伸阅读

张福锁院士:四十年没"体检",第三次全国土壤普查"生逢其时"

"耕地是粮食生产的命根子"。我国土壤资源数量和质量均属严重限制型,人地、人粮矛盾极为突出,人均耕地仅1.3亩。国家"十四五"规划和2035年远景目标明确要求以保障国家粮食安全为底线,坚持最严格的耕地保护制度,深入实施"藏粮于地、藏粮于技"战略。40年没"体检"的中国土壤,今年迎来了大好机遇。全面开展土壤普查,摸清我国土壤数量和质量安全的家底和基线,夯实国家可持续发展的根基,对于保障粮食安全(吃饱)、食物健康(吃好)、农民增收(收入好)、生态文明(生活好),促进乡村振兴,支撑我国新时期经济高质量发展具有重要战略意义。

1958年开展第一次全国土壤普查,并于1960年完成了相关普查任务。形成了耕地资源分布、土壤肥力、土壤改良概图等成果,对农田基本建设起到了推动作用,促进了农业生产,为因地制宜贯彻农业"八字宪法"提供了有力支撑,为增加粮食生产发挥了重要作用。

1979年部署了全国第二次土壤普查工作。全面查清了我国土壤资源的类型、数量、分布、基本性状等,建立了我国土壤分类系统,编制了《中国土壤》《中国土种志》《土壤养分图》《土地利用现状图》《土壤改良利用分区图》等资料和图件,摸清了中低产田的比例、分布以及主要障碍类型,为实施农业综合开发、耕地开垦、中低产田改造、科学施肥、农业区划等提供了重要的基础支撑。

这两次全国范围的土壤普查针对性地解决了特定时期内因地制宜开发

利用土地资源、发展农业农村经济的瓶颈问题,有力地支撑了我国近半个世纪的粮食持续增产,有效地保障了国家粮食安全,解决了"谁来养活中国人"的难题。但是,从第二次土壤普查至今已近40年,这40年恰是我国农业快速发展时期。工业化和城市化迅猛发展改变了土壤资源利用方式、规模和强度,土壤数量、质量及生态功能均发生了深刻变化。

由于从国家尺度上对土壤质量与健康状况问题仍缺乏全面系统的认识,导致土壤数据现状不清,危害程度不明,难以支撑农业现代化和食物安全的国家战略目标。实施第三次全国土壤普查,可实现对土壤资源数量、质量和健康变化状况的全面了解和实时把控,总结土壤资源管理和利用的成功经验,打造全国"数字土壤"一张图的土壤数据库,提出面向绿色发展的国家层面土壤质量和健康问题的系统解决方案。摸清我国土壤资源现状、弥补土壤技术数据信息的缺失和断层,既是实施"藏粮于地、藏粮于技"国家战略的基础工程,也是实施高标准农田建设、中低产田改良和粮食产能提升的重要前提,对农业高质量发展和绿色转型,促进农业农村现代化具有重大现实意义。

资料来源:张福锁《张福锁院士:四十年没"体检",第三次全国土壤普查"生逢其时"》,见经济日报新闻客户端(https://proapi.jingjiribao.cn/detail.html?id=391479)。此处有删改。

深入思考

1. 在推动"藏粮于地,藏粮于技"战略实施中,作为新农科学子的我们应该怎么做?

2. 为什么中国人的饭碗任何时候都要牢牢端在自己手上?

第二节　农耕基本要素

导语

夫食为民天，民非食不生矣。三日不粒，父子不能相存。耕种之，茠锄之，刈获之，载积之，打拂之，簸扬之，凡几涉手，而入仓廪，安可轻农事而贵末业哉？

——《颜氏家训·涉务篇》

学习目标

知识目标：了解土壤质地概念和种子的不同类型，认识常用的肥料、农药和传统农具的基本概况。

能力目标：掌握不同土壤质地肥力特征，理解不同肥料和农药的特性。

素养目标：树立服务农业和耕地保护意识，培养知农爱农精神，涵养大国三农情怀。

人类进化与农耕发展息息相关，凡农必耕，无耕不农。随着科学技术的迅猛发展，现代农业也发生了翻天覆地的变化，生产工具、生产方式、生产技术都发生了质的飞跃，劳动生产率得到了空前的提高。虽然影响农业生产的农耕基本要素没有变，但我们需要与时俱进地适应新时代经济和社会发展的需求。

一、农业劳动力

在一定的生产技术条件下，农业劳动生产率的高低，一方面取决于土地面积的大小和可供利用的其他生产资料的多少，另一方面取决于劳动施用量的多少和劳动力利用率的高低。因此，农业劳动力是影响农业生产的重要因素，包括劳动力的数量和劳动力的质量。科学技术的潜在生产力转变为现实生产力要靠劳动力来实现，随着科学技术的不断发展，现代农业中劳动力所具有的生产经验和科学技术水平的高低,将直接决定农业劳动生产率的高低,即决定农业劳动生产率的主要因素是劳动力质量。

2022年"中央一号文件"提出,要"实施高素质农民培育计划、乡村产业振兴带头人培育'头雁'项目、乡村振兴青春建功行动、乡村振兴巾帼行动"。要发展农村经济,实现农业现代化,因势利导地调动劳动者的积极性,努力提高劳动者的科学技术水平。

二、土壤质地

土壤是由固体、液体和气体组成的三相复合体。组成土壤固体部分的各种颗粒称为土粒,主要是矿物质土粒,也有少数有机质土粒。根据土粒的大小,分为石砾、砂粒、粉粒和黏粒四个粒级,我国土粒分级标准如表3-2。

表3-2 我国土粒分级(1987年版)

当量粒径/mm	粒级
3.00～1.00	石砾
1.00～0.25	粗砂粒
0.25～0.05	细砂粒
0.05～0.01	粗粉粒
0.01～0.005	中粉粒
0.005～0.002	细粉粒
0.001～0.0005	粗黏粒
0.0005～0.0001	细黏粒

资料来源:熊毅、李庆逵、龚子同《中国土壤》(第2版),北京科学出版社1987年版。

土壤质地则是指土壤中各种粒级土粒的配合比例,或各粒级土粒占土壤重量的百分数,也叫土壤的机械组成,是土壤较稳定的自然属性,影响土壤的所有物理、化学、生物性状和过程,因此对土壤结构、孔隙状况、保肥性、保水性、耕性等均有重要影响,是评价土壤肥力和作物适宜性的重要依据。

根据土壤中砂粒、粉粒和黏粒三级含量，并参考砾石量，一般可划分为三大质地类型，即砂土类、壤土类和黏土类（表3-3）。

表3-3 我国土壤质地分级标准（1987年版）

质地组	质地名称	颗粒组成/%（粒径/mm）		
		砂粒（1~0.05）	粗粉粒（0.05~0.01）	细黏粒（<0.001）
砂土	极重砂土	>80		<30
	重砂土	70~80		
	中砂土	60~70		
	轻砂土	50~60		
壤土	砂粉土	≥20	≥40	
	粉土	<20		
	砂壤	≥20	<40	
	壤土	<20		
黏土	轻黏土			30~35
	中黏土			35~40
	重黏土			40~60
	极重黏土			>60

资料来源：熊毅、李庆逵、龚子同《中国土壤》（第2版），北京科学出版社1987年版。

（一）砂土类

砂土由于土壤颗粒以砂粒占优势，土壤中大孔隙多而毛管孔隙少，故通气透水性能良好，但保水保肥能力差，抗旱能力弱。土体中水少气多，热容量较小，土温上升快，降温也快，昼夜温差变化大。在春季由于升温快有利于作物生长，有"热性土"之称，在晚秋寒潮来临时，由于土温下降快，作物则容易发生冻害。这类土壤土质松散，黏结性弱，耕后不起土块，耕作省力，宜耕期长，耕作质量好。因此，砂质土施肥需少量多次，多施有机肥，勤浇水。

（二）壤土类

壤土类由于砂粒、粉粒、黏粒含量比例较适宜，兼有砂土类与黏土类的优点，既有较好的通气透水性，又有较强的保水保肥性。这类土壤土温稳定，宜耕期长，耕作质量好，是农业上较为理想的土壤质地。

不同作物所需的土壤条件不同，因此需要"因土种植"，合理利用土地，从而更好地发挥土地的生产潜力。如砂质土可种植生长期短的块根、块茎类作物以及一些比较耐旱、耐瘠的作物，如花生、豆类、薯类、某些蔬菜等。黏土类可安排种植耐肥或生长期较长的作物，如小麦、水稻、玉米、高粱、油菜等。壤土的适种作物范围则较广。大部分作物对土壤质地的适应范围相当广，但有的作物在过黏或过砂土壤中会出现早衰现象，可能是水、肥、气、热等因素失调所致，可采用客土法、放淤改良、增施有机肥、耕作管理等措施进行改良处理。

（三）黏土类

黏土由于土壤黏粒含量较高，颗粒细小，孔隙间毛管作用发达，保水保肥性好，但大孔隙少，通气性、透水性差，易受涝害。且由于土壤含水量大，热容量也较大，升温慢降温也慢，因此昼夜温差变化小，有利于植物生长。黏质土壤通气性差，不利于好气性微生物的活动，因此有利于土壤有机质的累积，有机质含量一般比砂质土壤含量高。土壤干时紧实坚硬，湿时沾犁，耕作阻力大，宜耕期短，耕后形成的土块不易散碎，耕作质量差。化肥一次用量可适当增加，注意湿时排水，干旱时勤浇水。

三、农业生产资料

（一）种子

种子是农业生产最基本的生产资料，是现代农业发展的核心要素。农业上种子的概念一般是指可用作播种材料的总称，包含任何植物组织、器官或营养体的一部分，即凡能繁育后代的均可称为种子。一般宜选用优质高产抗逆、适于本地生长的优良品种。图3-2为不同作物的种子。

1. 真种子

真种子是指植物学上的种子，由胚珠发育而成，如豆类作物、麻类、花生、油菜、烟草、番茄、辣椒、苹果、柑橘等的种子。

2. 植物果实

植物的果实通常是由子房发育而成，内含种子，外包果皮，如禾谷类作物小麦、水稻、玉米、高粱等，以及油料作物如向日葵。

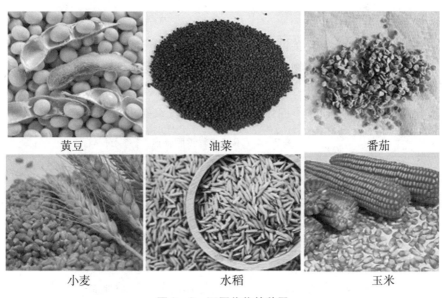

图 3-2　不同作物的种子

3. 营养器官

营养器官是指根、茎及其变态无性繁殖器官，如甘薯块根、马铃薯块茎、大蒜鳞茎、甘蔗茎段和草莓匍匐茎等（图 3-3）。

图 3-3　甘薯块根、甘蔗茎段、草莓匍匐茎

4. 人工种子

人工种子是指生物技术种子,即人工将组织培养得到的胚状体包埋在含有养分和具有保护功能的物质中,在适宜的条件下胚状体能发芽出苗的类似植物种子的播种材料。

(二) 肥料

肥料指所有能够直接供给植物生长的必需营养元素、改善土壤的理化和生物性质,以提高作物产量的品质的物料。根据当地自然条件和作物要求等在适宜的生长期进行合理施肥,有助于恢复、提高及保持地力,从而提升作物产量和品质,不同作物需肥特点如表3-4所示。

表3-4 不同作物需肥特点

需肥特点	作物名称
需氮多,需磷、钾较少	小麦、水稻、玉米、高粱、谷子
需氮较少,需磷、钾多	豆科作物
喜钾作物	薯类、烟草、麻、甘蔗、甜菜

肥料品种繁多,按物理形态分类有固体肥料、液体肥料。其中,固体肥料又分为粉状和粒状肥料。按肥料的来源、提供植物养分的特性和成分,则分为有机肥料和无机肥料。

1. 有机肥料

有机肥料通常是指农家肥,即厩肥、堆肥、沤肥、人畜粪尿、河塘泥、饼肥和绿肥等。有机肥料含有多种营养元素,属于完全肥料,一般都是迟缓性肥料,养分含量较低但具有改良土壤、调节土壤肥力的作用。近年来也有现代有机肥料如微生物肥料、腐殖质类肥料、合成有机肥等。

2. 无机肥料

无机肥料主要是指工业合成的含有氮、磷、钾三种元素的肥料,也称化学肥料或化肥,一般都具有养分含量高、速效性强、施用方便等特点。长期使用单一无机肥料,易使土壤板结,所以一般应与有机肥配合使用。

氮素肥料:主要有碳酸氢铵(N含量约17%)、硫酸铵(N含量

20～21%）、氯化铵（N 含量 24～25%）、硝酸铵（N 含量 34～35%）、尿素（N 含量约 46%）等。

磷素肥料：主要有过磷酸钙（常称为普通过磷酸钙，P_2O_5 含量 12%～20%）、重过磷酸钙（P_2O_5 含量 36%～52%）、钙镁磷肥（P_2O_5 含量 12%～20%）、磷矿粉等。

钾素肥料：主要有硫酸钾（K_2O 含量 40～50%）、氯化钾（K_2O 含量约 60%）、磷酸二氢钾（K_2O 含量约 34%）等。

复合肥料：指同时含有氮、磷、钾三种元素或其中任何两种的肥料。不同作物对复合肥养分比例的要求不一样，一般作物以选用氮、磷复合肥或三元复合肥为主，如禾本科作物宜选用三元复合肥。复合肥应作为基肥，且宜深施。

微量元素肥料：主要有硫酸锌、硫酸锰、硼砂、硫酸铜、螯合铁、螯合铜和螯合锰等。微量元素肥料一般只在缺乏微量元素的土壤上施用，且通常微施，施用过量往往会对作物产生毒害。

（三）农药

农药是用于防治危害农林作物及其产品的虫害、病菌、杂草、鼠害等和调节植物生长的药剂。

1. 除草剂

除草剂用于防治有害植物，应根据田块状况和作物类型进行科学施用。按作用方式可分为灭生性除草剂和选择性除草剂。

灭生性除草剂：对杂草和作物均有伤害作用，如草甘膦和五氯酚钠等。

选择性除草剂：在一定条件与最适范围内，能够有效防治杂草，而不伤害作物，或只杀死某类杂草的除草剂。如盖草能、敌稗、2,4－二氯苯氧乙酸等。

2. 杀虫剂

用于防治各类害虫，主要分为以下几种类型。

胃毒剂：经害虫口器及消化系统进入虫体使之中毒死亡的药剂，如敌百虫。主要防治咀嚼式口器害虫，如蝗虫、黏虫、蝼蛄等。

触杀剂：接触害虫的体壁渗入虫体使其中毒死亡的药剂，如辛硫磷。对各种口器的害虫都有防治效果，但对体表有蜡质（如介壳虫、粉虱）

的害虫效果较差。

熏蒸剂：在常温、常压下能气化或分解生成毒气，经害虫的呼吸系统进入虫体使之中毒死亡的药剂，常在密闭条件下（如温室、仓库）使用，通常具有较高的毒性，对人体和环境都有一定的风险。

内吸剂：可经植物的根、茎、叶或种子吸收进入植物体内后传导至全株，害虫取食后中毒死亡，如乐果、乙酰甲胺磷。主要用于防治刺吸式口器害虫，如蚜虫、红蜘蛛等。

有的药剂兼有多种作用。另外还有些特异型农药，如拒食剂（消除食欲）、忌避剂（使害虫不敢接近）、不育剂、保幼激素（抑制昆虫变态发育）。

3. 杀菌剂

用于防治植物真菌和细菌病害，可分为保护剂和治疗剂两种类型。

保护剂：在病原物接触植物之前，或虽已接触植物但尚未侵入植物体内时，用药剂处理植物或环境（土壤），保护植物免受危害的药剂，如代森锌、波尔多液等。可防治多种病害，如苹果和梨黑腥病、马铃薯晚疫病。

治疗剂：病原物已侵入植株体内，但植株尚未发病，或植株已出现病状时，用于杀死或抑制病原物，使植株不再受害的药剂，如多菌灵、托布津。

4. 植物生长调节剂

植物生长调节剂是指采用化学合成或生物发酵等方法生产出具有与植物内源激素功能类似的物质，可促进种子萌发或延长种子休眠，保花保果或疏花疏果以及促进植物根系生长、果实成熟或控制徒长等，从而提高产品质量和产量，目前已在农业生产中被广泛应用，如1-萘乙酸、乙烯利等。

从功效上来说，植物生长调节剂可分为植物生长促进剂、植物生长抑制剂、植物生长延缓剂、杀雄剂、抗蒸剂和保鲜剂。

植物生长促进剂：加快植株细胞分裂和分化、延长生长的化合物，它还能促进植株果实的成熟，以及生殖器官的发育，加快植株的新陈代谢和光合作用。主要有赤霉素、1-萘乙酸、吲哚乙酸等。

植物生长抑制剂：抑制植株生长素的合成，主要是抑制植株顶端中分生组织细胞的蛋白质和核酸的形成，减缓细胞的分裂速度，抑制顶端分生组织细胞的伸长和分化，促进侧枝的生长，导致植株矮小，叶片的形状也会变小。主要有马来酰肼、整形素、三碘苯甲酸（TIBA）等。

植物生长延缓剂：能够抑制植株枝干顶端的细胞分裂和扩展的化合物，它能够缩短植株枝干之间的距离，但是不会减少细胞的数目，能够抑制植株中赤霉素的合成。主要有矮壮素、多效唑、丁酰肼、缩节胺等。

植物生长抑制剂与生长延缓剂的不同点在于作用区域的不同，前者产生的作用不可以被赤霉素消除，而后者产生的作用可以被赤霉素消除。

杀雄剂：通过阻止或干扰花粉的发育和传粉受精的过程，诱导自花不亲和，阻止花粉细胞的分裂，从而使花粉失去授精能力。多用于农业杂交育种，主要有氨基磺酸、卤代脂肪酸等。

抗蒸剂：可抑制土壤中水分的蒸发，促进植株根更好地吸收水分，从而提高土地锁水的能力，减少植株发生大量的蒸腾作用。主要有黄腐酸抗旱剂、抗蒸腾剂、保水剂、化学覆盖剂等。

保鲜剂：能够抑制果蔬的呼吸和代谢作用，降低反应酶的活性，保持果蔬的新鲜品质，控制病毒的扩散、细菌的繁殖和生长，以及有毒物质的堆积。常见的保鲜剂有洗果剂、浸果剂、防腐保鲜剂、涂被保鲜剂等。

5. 杀鼠剂

用于防治鼠类，主要有胃毒剂，如杀鼠迷、溴敌隆等。

（四）地膜

地膜覆盖在农业生产中应用极为广泛，这主要是由于覆盖地膜具有以下作用：提高地温、保墒、提高土壤肥力、改善土壤的理化性状、防止地表盐分集聚、提高作物产量等。地膜种类较多，主要有无色地膜和有色地膜及功能性特种地膜等不同类型。

1. 无色地膜

无色地膜也称为普通透明地膜，厚度 0.004 mm～0.015 mm，幅宽 80 cm～300 cm，是应用最普遍的地膜。其透光率和热辐射率为 90% 以上。可明显提高地温，提高作物对光能的利用率，加速土壤有机质的腐化过程，提高肥效，保水抗旱，促进作物早熟、高产。缺点是土壤湿度大时，膜内形成雾滴会影响透光。

在无色地膜中添加防雾流滴剂后可制成流滴（无滴）地膜，能使靠近棚膜的空气中的水汽形成水膜向下流滴，从而防止产生雾气，降低空气相对湿度，可比普通地膜提高约10%的透光率。

2. 有色地膜

有色地膜是在地膜原料中加入各种颜色的染料制成的地膜。目前主要应用的有黑色地膜、银灰地膜、黑白条带地膜等，不同颜色对太阳光有不同程度的反射与吸收作用，因而对作物、害虫也有不同的影响。

黑色地膜有除杂草的良好效果，利于根系的生长。

银灰地膜能反射紫外线，有明显的驱避蚜虫的效果；可增加地面反射光，利于果实着色；夏季使用可降低地温。

黑白条带地膜中间为白色，利于土壤增温；两侧为黑色，可抑制杂草生长。

此外，绿色地膜、乳白地膜可防止杂草生长，蓝色地膜有保温作用，红色地膜可促进作物生长等。

3. 功能型特殊地膜

特种地膜是指有特殊功能的地膜，主要有除草膜、有孔膜、反光膜、渗水地膜等。

除草膜覆盖后能单面析出70%～80%的除草剂，膜内凝聚的水滴溶解除草剂后滴入土壤，使杂草触及地膜时被除草剂杀死。

有孔膜是在膜吹塑成型后，根据作物对株行距的要求，在膜上打上大小、形状不同的孔，即可播种或定植。

反光膜是采用特殊的工艺将由玻璃微珠形成的反射层和PVC、PU等高分子材料相结合而制成的膜材料，能起到补光增温的作用。

渗水地膜也称为微孔地膜，是在普通地膜上用激光打出微孔（孔径2 mm～3 mm，厚度选择20孔/平方米～200孔/平方米），可使雨水渗入膜下，同时又能增加土壤的通透性。

地膜覆盖栽培，要求整地、施肥、做垄（畦）盖膜连续作业，以保持土壤水分，提高地温。当影响作物生育及产量时应及时揭膜或将膜划破。

残存土中的旧膜会污染环境，导致土壤物理性状恶化，阻碍作物生长，因此残膜必须回收。小面积的残留地膜可由人工清除，大面积覆膜栽培可采用残膜捡拾机器回收，辅以人工清漏、运装。目前光降解地膜、生物降解地膜等可降解地膜已被陆续应用。

四、传统农具

农具是指用于耕地、播种、管理、收获等的生产工具,多指非机械农用工具(图3-4)。

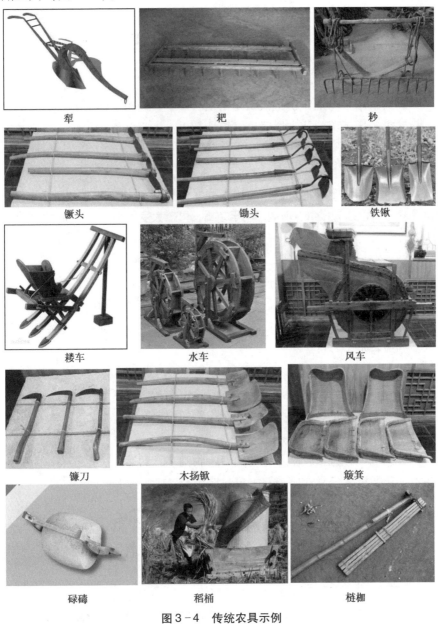

图3-4 传统农具示例

（一）耕地整地工具

耕地整地工具指用于耕翻土地、破碎土垡、平整田地等作业的工具。主要有犁、耙、耖、镢头、锄头、铁锹等。

犁：用于耕地的农具，通过畜力、人力或机械牵引进行土壤的翻耕。

耙：包括钉齿耙和圆盘耙，用于碎土、平地和清除杂草。

耖：用于把田泥精细化，进一步平整田块。

镢头：主要用于挖坑和松土。

锄头：用于旱地作物生长期间松土、锄草、间苗、保墒。

铁锹：用于菜园及小块田地的挖地翻土。

（二）播种工具

播种工具用于将种子播入土壤，确保作物顺利生长。

耧车：也称为耧犁、耙耧，用于条播，可播大麦、小麦、大豆、高粱等。

（三）灌溉农具

灌溉农具用于提水和灌溉农田，确保作物有充足的水分。

水车：利用人力、畜力、水力或风力提水。水车适用于近距离提水，提水高度一般为1~2米，适合在平原地区使用。在山区则需要层层提升，逐级盘水。

（四）收获农具

收获农具用于收割和脱粒，确保作物的收获和初步加工，包括收割工具、脱粒工具、清选工具。

收割工具：包括收割禾穗的掐刀、收割茎秆的镰刀、短镢等，为防止镰刀钝化，需要经常在磨刀石上反复磨砺。

脱粒工具：南方以稻桶为主，北方以碌碡为主，梿枷则南北方通用。

清选工具：包括簸箕、竹筛、木扬锹、风车等。簸箕用于盛粮食并颠动以扬去杂质；风车用于吹去稻谷麦类粮食中的草屑、瘪粒等杂质。

（五）加工农具

加工农具用于对收获的作物进行进一步处理，制成可食用或可使用的产品，加工农具包括石臼、舂米杵、石磨等。

石臼：用石头凿成的器具，用于舂米和谷物。

舂米杵：舂米杵是一根长而坚固的木棒，一端较重，通常用作捣击的部分，配合石臼一起使用，用于去除稻谷等谷物的外壳，获得可食用的米粒。它的长度和重量根据使用者的力量和需求有所不同。

石磨：石制的磨干粉、水糊的工具，下盘固定，上盘旋转。上盘的圆洞添原料，下盘的周围出干粉、水糊。

（六）运输农具

运输农具用于将农产品和物资从一个地方运送到另一个地方。传统运输农具包括扁担、筐、单轮式木轮手推车、木轮牛车、胶轮手推车、胶轮牛车等。

五、农业机械设备

农业机械设备指在作物种植业和畜牧业生产过程中，以及农、畜产品初加工和处理过程中所使用的各种机械。农业机械设备的使用可改善劳动条件，提高劳动生产率，可大致分为动力机械和工作机具两大类。

（一）农业动力机械

农业动力机械主要有拖拉机、内燃机、电动机三大类。此外，在西北边远地区、东南沿海地区和西南山区还有风力和水轮机等。

1. 拖拉机

拖拉机是农业生产中具有多方面作业功能的主要行走动力。它与牵引式或悬挂式农机具配套，可以进行耕整地、种植、施肥、田间管理、植物保护、收获、农田基本建设、运输等一系列移动作业；也可以利用拖拉机动力输出轴和皮带轮工作装置驱动脱粒、清洗、农副产品加工、排灌等机械进行固定作业；还可与具有特殊用途的机具配套作业。

拖拉机种类很多，主要有手扶拖拉机、轮式拖拉机、履带式拖拉机、船形拖拉机等。

2. 内燃机

内燃机可以作为拖拉机、联合收割机、插秧机、植物保护机械、水陆运输机械的动力，也可以与脱粒机、农副产品加工机械、排灌机械、畜牧机械等配套进行固定作业。

3. 电动机

电动机主要与排灌、脱粒、农副产品加工等机械配套进行固定作业。

4. 风力机

风力机是我国新疆、内蒙古等西北边远地区和东南沿海地区农用和生活用动力的来源之一，多为小型，利用风力发电，完成提水或其他固定作业。

5. 水轮机

水轮机是中小型水力发电站的主要动力，也可作为水泵和水磨等农业机械的动力。水轮机较广泛地应用于中南、西南山区等蕴藏着丰富水电资源的地区。

（二）农业工作机具（农机具）

按农业机械作业性质一般可分为以下八种类型，常见农用机械设备见图3-5。

1. 耕整地机械

耕整地机械分为耕地机械、整地机械、耕整联合作业机械等，常用的如联合整地机、旋耕机、微耕机、起垄机、深松机、开沟机、犁、耙等。

2. 种植和施肥机械

种植和施肥机械分为种子播前处理和育苗机械设备、播种机械、栽植机械、施肥机械等，常用的如种子催芽机、起苗机、撒播机、条播机、旋耕播种机、移栽机、施肥机等。

3. 田间管理机械

田间管理机械分为中耕机械、植保机械、修剪防护管理机械等，常用的如中耕机、间苗机、喷雾机、修剪机、水田开沟机等。

4. 收获机械

收获机械可分为粮食作物收获机械、棉麻作物收获机械、油料作物收获机械、糖料作物收获机械、果菜茶烟草药收获机械、天然橡胶收获机械、秸秆收集处理机械、收获割台等，常用的如割晒机、脱粒机、玉米收获机、棉花收获机、花生收获机、秸秆粉碎还田机、拾禾机等。

5. 收获后处理机械

收获后处理机械可分为脱粒机械、清选机械、剥壳（去皮）机械、干燥机械、种子加工机械、仓储机械等。

图 3-5 常见农用机械设备

6. 农产品初加工机械

农产品初加工机械可分为种子初加工机械、粮油糖初加工机械、棉麻蚕初加工机械、果菜茶初加工机械、草药初加工机械等，常用的如种子分级机、粮食清选机、碾米机、磨粉机、磨浆机、水果打蜡机、果蔬去皮机等。

7. 农用搬运机械

农用搬运机械主要指运输机械、装卸机械、农用航空器等，常用的如农用挂车、田间搬运机、码垛机等。

8. 灌溉机械

灌溉机械可分为农用水泵、喷灌机械、微灌设备等，常用的如喷灌机、滴灌设备、水肥一体化设备等。

此外，还有农田基本建设机械、畜牧水产养殖机械、设施种植机械、田间监测及作业监控设备、其他机械设备等。

知识点

农药小知识

农药的外包装信息量非常大，使用前一定要认真阅读并正确理解。农药标签（图3-6）上含有关该农药的特征特性、农药使用过程中可能带来的风险，以及使用农药过程中突发事故的应对办法等重要内容。

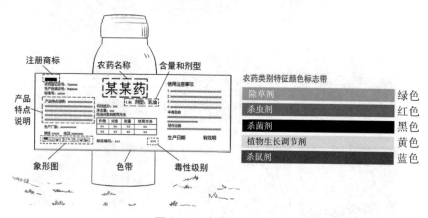

图3-6 农药标签示例

资料来源：中国农业信息网（http://www.chinapesticide.org.cn/kpxccl/5468.jhtml）。

典型案例

推广水稻机械化播种　让春耕省时又省力

近年来，开化县在水稻播种方面大力开展"机器换人"行动，通过无人机飞播、机械化育秧、机插秧等方式提高水稻全程机械化水平，有力助推了春耕生产高效开展。

（一）无人机飞播，助力早稻播种提早完成

万物复苏的春日里，走进我县各乡镇，随处可见农民备战春耕，一派忙碌的景象。在开化县农技推广中心指导下，在开化县杨林种粮大户吕永贵的田里，正在进行一项天上飞的"黑科技"——植保无人机作业。往年吕永贵经营的爱君家庭农场都用人工播种，需雇人忙碌一周左右，才能抢时将早稻播种完毕。今年，该农场购置了2架无人机，每架无人机最大可搭载30公斤早稻种子，一天最多能播种200余亩。相较传统播种，飞播技术具有播种均匀、效率高、省工省力等优势，值得进一步研究应用。

（二）全自动育秧机播种，加快早稻生产步伐

本月，早稻育秧迎来高峰，不少种粮大户育秧播种、维护农机设备，忙着春耕备耕生产。开化县农技推广中心的工作人员为此来到杨林镇，详细了解当地种粮大户的春耕情况，现场指导机械化育秧。杨林农机专业合作社今年使用一台全自动水稻播种育秧机进行早稻育秧。机械化育秧机相对于传统育秧省时省力，只需按下开关，机器就会自动碎土、播种、喷水、盖土，育好一盘秧只需要6秒钟，而且播种均匀，覆土细腻，有助于农户扩大种植规模，避免了因天气恶劣造成的时间人力上的损失。

（三）加大新技术推广，提升耕种机械化水平

近年来，开化县农技推广中心先后在马金、池淮、杨林等粮食重点生产乡镇推广施行了油菜机械收割和水稻机插、机械植保等农业机械化新技术，进一步提高耕种收综合机械化率。今年开化县计划新增11个农机专业合作社推广水稻全程机械化作业，推广面积达8500亩。随着粮食种植的新品种、新技术、新机械等各种科技精准渗透到田间地头，给粮油生产注入了科技能量，为稳定发展粮油生产提供了坚强的科技保障。

资料来源：《推广水稻机械化播种　让春耕省时又省力》，见中华人民共和国农业农村部网站（https://www.agri.cn/zx/xxlb/zj/202312/t 20231220_8254135.htm）。此处有删改。

延伸阅读

做强种子"芯片"　保障粮食安全

眼下，在位于辉南县的吉林省宏科稻业有限公司，前来购买种子的农户络绎不绝，不少人在选购种子的同时，还不时向种子销售人员咨询种子的种植知识。销售人员向前来选购种子的农户详细介绍各个品种的生长期、产量等情况，指导农户根据自家耕地情况选择合适的品种和数量。

高校劳动教育之耕读教育

种子是农业的"芯片",良种在促进粮食增产方面具有十分关键的作用。近年来,通化市大力扶持优质稻米生产,扩大优质稻米品种、品牌的社会影响力,向优质化、品牌化、产业化方向发展。

"今年春耕生产工作中的农资下乡方面已经接近尾声了。现在水稻种子、化肥、农药等销售量已经接近90%,种子量和备货量十分充足,能够保障农民买到种子。"吉林省宏科稻业科研中心主任高玉森说道。

如今已经73岁高龄的高级农艺师高玉森,凭着对水稻育种的热爱和五十年如一日奋斗在田间地头的执着,成功地繁育出宏科水稻系列18个品种,全部为水稻优质米品种,达到国内领先水平。部分品种连续多年被推介为吉林省水稻主推品种,并在辽宁、黑龙江、内蒙古等地推广种植,种植面积超过200万亩,产生了显著的经济效益和社会效益。

高玉森介绍说:"我们的品种主要特点是产量高,再就是以小粒米为主,特别突出以中早熟、中熟品种为主,水稻品种出米率高、效益好,农民种它能挣到钱。种植量最大的是宏科181在白城地区,面积可达到70%左右,还有宏科57,比一般的品种都能高出两千斤上下。另外389也是中早熟品种,在吉林省除白城地区以外的地方都适宜种植,抗病性超强,农民种植它最多、最安全。而且我们现在还有很多品种正在选育中,推广以后能为全省水稻增产、增效方面带来更大效益。"

当前正值备春耕工作的关键时期,水稻种子预购工作已陆续开始,种植户们正抢抓农时,为今年的春耕生产工作做足准备。

前来购买种子的苗建伟告诉记者,选好种子是春耕生产的关键环节,关系着一年的收入,"宏科的种子具有产量高、抗病性强等特点,非常适合东北地区的土壤和气候条件。我种宏科种业的种子能有二十多年了,因为它收益比较好,出米率比较高,每亩地比别的品种能多打个一二百斤,如果按每斤一块五算,每亩地能多收入二百多块钱,这样我三晌①地下来就能多收入三四千块钱,年年能增收,老百姓都认可。"

资料来源:宋佳明、何禹洁《做强种子"芯片" 保障粮食安全》,见中华人民共和国农业农村部网站(https://www.moa.gov.cn/xw/qg/202203/t20220317_6392656.htm)。此处有删改。

---

① 一晌地=10000 平方米。

深入思考

1. 农村科技特派员如何助推农业现代化？
2. 论述土壤健康与食品安全的关系。

第三节　耕作与二十四节气

导　语

　　凡耕之本，在于趣时和土、务粪泽，早锄早获。春冻解，地气始通，土一和解；夏至，天气始暑，阴气始盛，土复解；夏至后九十日，昼夜分，天地气和；以此时耕田，一而当五，名曰"膏泽"，皆得时功。

——《氾胜之书》

学习目标

　　知识目标： 了解二十四节气的含义，理解运用节气指导农耕操作的原理。

　　能力目标： 掌握二十四节气的划分依据，理解不同地区二十四节气农谚的差异。

　　素养目标： 树立服务农业、与时俱进的意识，涵养热爱农业、勇于创新的精神。

　　"百业农为先"，中华文明根植于农耕文明，中华民族依靠自己的勤劳和智慧，充分利用各种自然资源，创造了悠久又灿烂的农耕文化。二十四节气最早就是作为农业历法存在的，是中国古代人民的一项伟大发明创造，后来有些节气演变成节日，但二十四节气最重要的任务是指导农业生产。过去生产力水平低下、劳动力投入大产出低，人们在长期的生产生活中，总结出一定规律，用于指导农业耕种和气象预告，即二十四节气农谚，这些谚语直到今天在部分地区仍被人们持续使用。这也是农业文化遗产的重要组成部分，"二十四节气"已被列入联合国教科文组织人类非物质文化遗产代表作名录，作为中华民族的优秀农耕文化的一部分，"二十四节气"理念与精神的传承任重道远。

一、二十四节气

（一）二十四节气的含义

二十四节气是古代计算时令变化的一种历法，是根据地球在公转轨道上运行时所到达的位置（即太阳在黄道上的视位置）变化而制定的。太阳从黄经零度起，沿黄经每运行15度所经历的时日称为"一个节气"。每年运行360度，共经历二十四个节气（图3-7）。

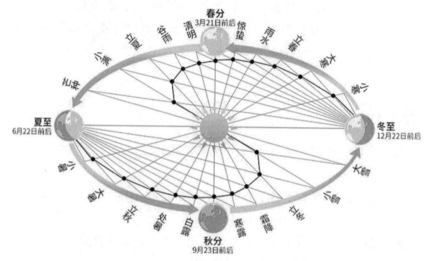

图3-7 季节形成的天文原因

二十四节气分别是：立春、雨水、惊蛰、春分、清明、谷雨；立夏、小满、芒种、夏至、小暑、大暑；立秋、处暑、白露、秋分、寒露、霜降；立冬、小雪、大雪、冬至、小寒、大寒。

二十四节气反映了太阳的周年运动，所以节气在现行的公历中日期基本固定，上半年的节气在6日，中气在21日，下半年的节气在8日，中气在23日，二者前后相差1~2天。

（二）二十四节气的起源

中国是世界上最早进入农耕文明的国家之一，农业生产要求有准确的农事季节。"二十四节气"是中国人通过观察太阳周年运动，认知一年中时令、气候、物候等方面变化规律所形成的知识体系和社会实践。二十四节气起源于黄河流域,是我国劳动人民在长期的农业生产中,根据天地运行以及气候变化规律所独创的一种灿烂的农耕文化。

早在春秋战国时期,我国就已经能用土圭来测量正午太阳影子的长短,以确定冬至、夏至、春分、秋分四个节气,即一年中,土圭在正午时分影子最短的一天为夏至,最长的一天为冬至,影子长度居中的为春分或秋分(图3-8为铜圭表)。后来又在"二分""二至"中间定出立春、立夏、立秋、立冬四个节气。到秦汉时期,二十四节气已完全确立。

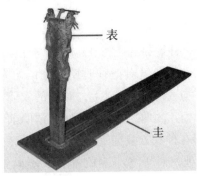

图3-8　铜圭表

(三) 二十四节气划分

二十四节气中反映四季变化的节气有立春、立夏、立秋、立冬四个节气;反映日照变化的节气有春分、夏至、秋分、冬至四个节气,夏至日照时间最长,冬至最短,"二分"之间是农业生产最繁忙的时候;反映温度变化的有小暑、大暑、处暑、小寒、大寒五个节气;反映天气现象的有雨水、谷雨、白露、寒露、霜降、小雪、大雪七个节气;反映物候现象的则有惊蛰、清明、小满、芒种四个节气。

二、二十四节气与农耕

农业生产具有明显的季节性和周期性,需要因时制宜,古人在长期的生产实践中总结了农业生产的规律。二十四节气给人们提供了比较准确的周期时间表,使人们能够把握季节特征,安排农业生产;还通过结合气温、降雨、日照的大致特征,给人们提供短期内的气候情况。因此,二十四节气是中国传统历法体系及其相关实践活动的重要组成部分。几千年以来，二十四节气一直是深受农民重视的"农业气候历"，指导着传统农业生产和日常生活，人们按节气安排农活，进行播种、田间管理和收获等农事活动，二十四节气是黄河流域的农时，也适用于长江流域，虽然不能反映珠江流域或东北、内蒙古的农事气候特征，但其以15天为一节气的划分，却可以作为一种农事活动的定位，便于农事安排。

"惊蛰耕耙地，春分浇麦田。清明育薯秧，谷雨快种棉。立夏种芝麻，小满苗出全。芒种收新麦，夏至快锄田。"在传统农时的支配下，所谓春种、夏长、秋收、冬藏，四季分明。

（一）播种

正如农谚所说，"打蛇打在七寸上，庄稼种在节气上"，播种一定要在适宜的时期，而二十四节气对播种时期的确定尤为重要。以棉花为例，棉花播种前需要日平均气温12 ℃以上，对应的农谚有：华北地区"清明早、小满迟、谷雨种棉正当时"；华中地区"清明前，好种棉"；苏、浙、皖一带"要穿棉，棉花种在立夏前"。农谚中各地区适宜种棉时期恰好为气温达到12 ℃。同理，对于冬小麦的播种，不同地区也分别有"白露早，寒露迟，秋分种麦正当时"和"秋分早，霜降迟，寒露种麦正当时"的不同说法。

（二）收获

古语有"七成收，八成丢"，意思是麦子要抢收，尤其是天气变化的时候，七成熟也要收，等到八成反而就会丢，可见收获时机的重要性。以麦类作物收获为例，收获期南北差异较大。苏、浙一带是"麦到小满日夜黄""大麦不过小满，小麦不过芒种"；华北一带则是"麦到芒种谷（黍）到秋，寒露才把豆子收"；陕西关中地区有"芒种不收草里眠"；华中地区是"麦到立夏收，谷到处暑黄"；吉林是在小暑收获小麦；而福建则在谷雨和立夏之间。各地的收获时间相差较大，这主要是由于不同地区气候条件差异较大。关于收获的农谚还有"白露谷，寒露豆，花生收在秋分后""秋分一到，谷场见稻""夏至不打场，再打是把糠"等。

（三）田间管理

二十四节气在田间管理方面的应用也颇多，如"春分麦起身，一刻值千金"意味春分过后天气渐暖，小麦生长迅速，应加强麦田施肥及管理；"清明喂个饱，瘦苗能长好""清明不上粪，越长越短劲"也是指在清明时节要施肥；立夏时小麦齐穗，开始养花上浆，因此农谚有"立夏不出头，割了喂老牛"；另有"春争日，夏争时，中耕锄草不宜迟"等指导田间管理。

此外，也有很多关于天气与作物生长相关性的判断，诸如"十月不下霜，种地一包糠""霜降无霜，来年闹饥荒""霜降有霜，米谷满仓"，即根据霜降时节的天气状况可预示来年作物的收成情况。二十四节气指出了一年中气候的转换、雨水的多寡、气温的炎凉、霜雪的长短，是我国劳动人民长期对天文、气象、物候进行观测探索和总结的结果，对农事耕作具有相当重要和深远的影响。

2016 年，"二十四节气——中国人通过观察太阳周年运动而形成的时间知识体系及其实践"被联合国列入人类非物质文化遗产代表作名录，更被誉为"中国的第五大发明"，意味着其文化价值得到了世界的认可，也是对一系列相关实践活动科学性的认可和肯定。现代科技不断发展，农业新技术、新材料也将不断加入，但气候变化规律是相对稳定的，二十四节气因时制宜，因地制宜，种养结合，循环利用，与自然和谐共处的生产方式，与我们当前生态和谐、可持续发展理念相契合，"二十四节气"理念将以新的形式服务于中国现代农业。

知识点

二十四节气歌

打春阳气转，雨水沿河边。惊蛰乌鸦叫，春分地皮干。清明忙种麦，谷雨种大田。

立夏鹅毛住，小满雀来全。芒种开了铲，夏至不纳棉。小暑不算热，大暑三伏天。

立秋忙打靛，处暑动刀镰。白露忙割地，秋分把地翻。寒露不算冷，霜降变了天。

立冬交十月，小雪地封严。大雪河汊上，冬至不行船。小寒再大寒，转眼又一年。

资料来源：张隽波《二十四节气歌形成时间及流变路径初探》，载《民间文化论坛》2018 年第 1 期，第 84－96 页。

典型案例

"二十四节气"列入联合国教科文组织人类非物质文化遗产代表作名录

联合国教科文组织保护非物质文化遗产政府间委员会第十一届常会于 2016 年 11 月 28 日至 12 月 2 日在埃塞俄比亚首都亚的斯亚贝巴联合国非洲经济委员会会议中心召开。当地时间 11 月 30 日上午,委员会经过评审,正式通过决议,将中国申报的"二十四节气——中国人通过观察太阳周年运动而形成的时间知识体系及其实践"列入联合国教科文组织人类非物质文化遗产代表作名录。

"二十四节气"是中国人通过观察太阳周年运动,认知一年中时令、气候、物候等方面变化规律所形成的知识体系和社会实践。中国古人将太阳周年运动轨迹划分为 24 等份,每一等份为一个"节气",统称"二十四节气"。具体包括:立春、雨水、惊蛰、春分、清明、谷雨、立夏、小满、芒种、夏至、小暑、大暑、立秋、处暑、白露、秋分、寒露、霜降、立冬、小雪、大雪、冬至、小寒、大寒。"二十四节气"指导着传统农业生产和日常生活,是中国传统历法体系及其相关实践活动的重要组成部分。在国际气象界,这一时间认知体系被誉为"中国的第五大发明"。

"二十四节气"形成于中国黄河流域,以观察该区域的天象、气温、降水和物候的时序变化为基准,作为农耕社会的生产生活的时间指南逐步为全国各地所采用,并为多民族所共享。随着中国城市化进程加快和现代化农业技术的发展,"二十四节气"对于农事的指导功能逐渐减弱,但在当代中国人的生活世界中依然具有多方面的文化意义和社会功能,鲜明地体现了中国人尊重自然、顺应自然规律和适应可持续发展的理念,彰显出中国人对宇宙和自然界认知的独特性及其实践活动的丰富性,与自然和谐相处的智慧和创造力,也是人类文化多样性的生动见证。

2006 年,"二十四节气"被列入第一批国家级非物质文化遗产代表性项目名录;2011 年,九华立春祭、班春劝农、石阡说春被列入该遗产项目的扩展名录;2004 年,三门祭冬、壮族霜降节、苗族赶秋、安仁赶分社被列入该遗产项目的扩展名录。

资料来源：周楠《"二十四节气"列入联合国教科文组织人类非物质文化遗产代表作名录》，见新华网（http://www.xinhuanet.com/politics/2016-11/30/c_129385180.htm）。此处有删改。

延伸阅读

我国首次从国家层面为农民设立节日
——"中国农民丰收节"今秋来临

近日，经党中央批准、国务院批复，自2018年起，将每年农历秋分设立为"中国农民丰收节"。

农业农村部部长韩长赋在6月22日国务院新闻办举行的新闻发布会上介绍说，这是第一个在国家层面专门为农民设立的节日。

"这个节日可不是一般的节日，是亿万农民庆祝丰收、享受丰收的节日，也是五谷丰登、国泰民安的生动体现。"韩长赋说，设立"中国农民丰收节"，具有重大的现实意义和深远的历史意义。

韩长赋表示，一是有利于进一步彰显"三农"工作的重要地位，引起全社会对农业、农村、农民的关注和重视，营造重农强农的浓厚氛围，凝聚爱农支农的强大力量，推动乡村振兴战略实施，促进农业农村加快发展。二是有利于提升亿万农民的荣誉感、幸福感、获得感，顺应了亿万农民的期待，满足了对美好生活的需求。三是有利于传承和弘扬中华农耕文明和优秀文化传统，可以让人们以节为媒，释放情感、传承文化、寻找归属，汇聚人民对那座山、那片水、那块田的情感寄托，享受农耕文化的精神熏陶。"所以设立这个节日，无论从政治上、经济上、文化上，还是从社会进步上，都具有重要意义。"韩长赋说，经过深入调研和研讨，普遍认为设立"中国农民丰收节"十分必要，而且实施的基础和条件已经相当成熟。

韩长赋介绍说，我国古代就有庆五谷丰登、盼国泰民安的传统，很多地方也举办了独具特色，与农事相关的节庆活动。而且，我国农业连年丰收、农民持续增收、农业现代化加快推进，具备了充分的发展基础。同时，市场有需求，广大市民有回归乡村、参与农事体验、品味农村情调的需求和田园梦想。

对于为何把每年秋分设立为"中国农民丰收节"，韩长赋介绍说，丰收节和农事传统密切相关。从节气上看，春种秋收，春华秋实，秋分时节硕果累累，最能体现丰收。从区域上看，我国地域辽阔、物产丰富，各地收获的时节有所不同，但多数地方都在秋季，秋收作物是大头。从民俗看，我国有十几个少数民族有庆祝丰收的传统节日，大多都在下半年。在国家层面设立一个各民族共同参与、共庆丰收的节日，有利于促进中华民族大家庭的和睦团结和发展。

资料来源：刘瑾《我国首次从国家层面为农民设立节日——"中国农民丰收节"今秋来临》，见中华人民共和国中央人民政府网（https://www.gov.cn/zhengce/2018-06/22/content_5300385.htm）。此处有删改。

深入思考

1. 如何看待"不违农时，谷不可胜食"和"打破农时，不分季节"两种说法？
2. 为什么说"绿水青山就是金山银山"？在农业发展中应如何践行？

参考文献

[1] 曹敏建，王晓光. 耕作学 [M]. 北京：中国农业出版社，2020.
[2] 胡立勇，丁艳锋. 作物栽培学 [M]. 北京：高等教育出版社，2019.
[3] 陈阜，姜雨林，尹小刚. 中国耕作制度发展及区划方案调整 [J]. 中国农业资源与区划，2021，42（3）：1-6.
[4] 中华人民共和国国家统计局. 中国统计年鉴2021 [M]. 北京：中国统计出版社，2021.

[5] 中华人民共和国国家质量监督检验检疫总局,中国国家标准化管理委员会. 土地利用现状分类: GB/T 21010-2017 [S].

[6] 邓时琴. 关于修改和补充我国土壤质地分类系统的建议 [J]. 土壤, 1986, 18 (6): 304-311.

[7] 王丽, 周双玲. 二十四节气与农业生产 [J]. 安徽农学通报, 2012, 18 (4): 94-95.

[8] 万惠恩. 刍议二十四节气与农业生产的关系 [J]. 湖北植保, 1999 (2): 26-27.

[9] 李慧. 高标准农田"高"在哪 [N]. 光明日报, 2021-09-17.

[10] 辛贤. 保护好耕地不仅关系我国粮食安全,更关乎民族兴亡 [J]. 农村工作通讯, 2021 (5): 41-43.

[11] 舒帆. 我国农用地膜利用与回收及其财政支持政策研究 [D]. 北京: 中国农业科学院, 2014.

第四章　农耕体验：耕读实践探索

第一节　农耕基本技术

导语

既方既皂，既坚既好，不稂不莠。去其螟螣，及其蟊贼，无害我田稚。田祖有神，秉畀炎火。

——《诗经·小雅·大田》

天地日月亮，田畴稻菽香；神州庆丰年，万里闪金光；粮安天下稳，足慰三农望；四海重耕耘，人间满仓箱；家国守谷帛，赓续著华章；百年再出发，同心铸辉煌。

——中国农民丰收节组织指导委员会

学习目标

知识目标：了解耕作措施和种子播种前处理原理。

能力目标：掌握播种、田间管理基本技术，识别作物收获时机。

素养目标：树立服务农业、与时俱进的意识，涵养热爱农业、勇于创新的精神。

在春秋战国时期，农业动力及生产工具有了新的改进，农业生产积累了一些经验，懂得通过施肥灌水补充作物所需养分和水分可以增产，休闲、换茬等措施可以调养恢复地力，有利于提高作物产量等简单技术，农业逐步由广种薄收向精耕细作迈进。进入现代农业阶段后，耕地技术、栽培技术等生产技术和管理水平突飞猛进，已经实现了机械化技术、信息技术和生物技术的协调并用。"十三五"规划提出藏粮于地、藏粮于技的国家战略，体现了党中央和国务院对国家粮食安全问题的高度重视，对现代农业生产的发展赋予了时代的要求。

一、播前耕整地

耕整地是农业生产的开端，是农作物播种或移栽前进行的一系列土壤耕作措施的总称。耕整地的目的是改善耕层土壤结构和表面状态，调节土壤水、肥、气、热的关系，增强土层透气性与保水保墒能力，使得土壤肥力充分发挥，为作物播种和生长发育提供适宜土壤环境。分为基本耕作和表土耕作。

（一）基本耕作

1. 翻耕

翻耕的主要工作原理是通过翻转犁将土壤进行切割，并将切分后的土块进行破碎、翻动，将土壤表层前茬作物遗留的秸秆翻至土壤底层（图4-1）。其主要作用：①翻转耕层（翻土），使得土壤底层养分得到充分、有效的利用；②破碎犁底层，加深耕层（松土），疏松土壤（碎土），提高土壤透气性与保墒能力，合理优化土壤结构，同时有效增加作物根系的生长空间（图4-2），提高种子发芽和作物生长的活力；③翻埋有机肥料、残茬、杂草和病虫等有机体，为提高播种质量和作物出苗创造有利条件。

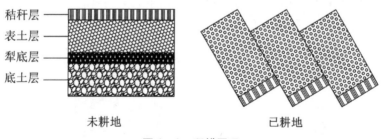

图4-1 翻耕原理

一般情况下，翻耕深度为20 cm～40 cm，以能够打破犁底层为适宜深度，且频率一般以3年翻耕1次为宜。

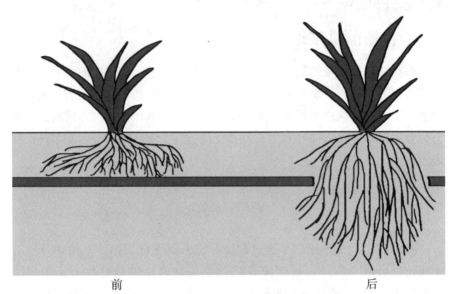

前　　　　　　　　　　　　后

图4-2　犁底层打破前后作物根系的生长情况

2. 深松

深松的特点是只松不翻，不乱土层（不具翻土作用），其是对耕地上中层土壤进行疏松，切割破碎犁底层、加深耕作层土壤厚度，可以在保持原有土壤上下层结构不变的条件下增加有效耕作深度，使耕作层变得松动，改善土壤蓄水性与透气性，提高土壤的抗旱、排涝能力及蓄水保墒能力。一般情况下，翻耕深度为25 cm～40 cm，原理见图4-3。

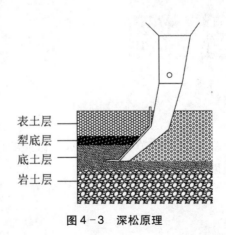

图4-3　深松原理

3. 旋耕

旋耕的作用是松土、碎土、混土和平土，具备省工、省时、成本低的特点，但翻耕深度较浅，为 10 cm ~ 12 cm。其原理如图 4-4 所示。

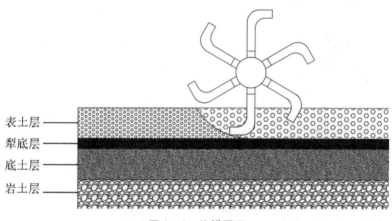

图 4-4　旋耕原理

（二）表土耕作

表土耕作是配合基本耕作措施而使用的作用强度较小、入土较浅，旨在平整土地、破碎地块、消灭杂草的土壤耕作措施。播种前的表土耕作分为耙地、耢地、镇压、作畦和起垄。

1. 耙地

耙地的作用：①破碎坷垃；②疏松表土，破除板结；③平整地面，便于灌溉和机械化作业；④耙混肥料；⑤耙碎根茬，清除杂草。

2. 耢地

耢地是我国北方旱区在耙地后或与其结合进行的作业，多用木框、荆条、柳条等材料制成耢（耱），拖擦地面，而形成干土覆盖层，这样可起到碎土、平地和轻度镇压等作用，还能减少土壤表面水分的蒸发量。

3. 镇压

镇压是在翻耕、耙地之后，用镇压器的重力作用适当压实土壤表层。

4. 作畦

作畦是将作物种植小区用土埂、土沟、走道进行分隔，以便进行灌溉、排水。分为平畦和高畦（图 4-5）：平畦为浇水，四面高埂 15 cm；

高畦为排水，四面挖沟10 cm～15 cm深，15 cm～20 cm宽。

5. 起垄

起垄是在田间筑成高于地面的狭窄土垄（图4-5），这样做利于排水防涝、提高地温、加厚耕作层、改善通气和光照状况。

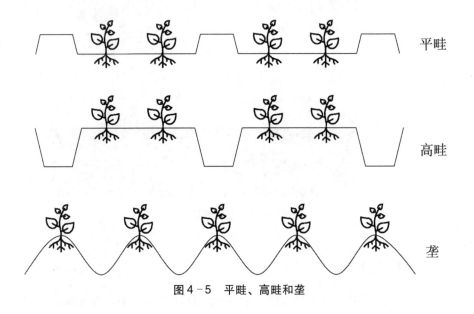

图4-5 平畦、高畦和垄

二、种子处理与播种

（一）种子播前处理技术

种子播前可采用物理（水分、温度和射线等）、化学（化学药剂浸种）和生物（生物杀虫、杀菌剂浸种、拌种）处理等措施进行处理，目的是破除休眠、促进种子发芽、消毒、防病虫害、增强抗逆性。常见处理方式包括清选、晒种、药剂拌种、浸种和催芽等。

清选：在播种前进行，清除空、瘪、病虫粒、杂草种子等夹杂物，保证使用较为均一、生命力强的种子播种。

晒种：可增强种子酶的活性，提高胚活力，使得种子干燥度一致，有利于后续浸种过程吸水均匀，有提高发芽率（测试种子发芽数占测试种子总数的百分比）和发芽势［发芽势（％）＝规定时间内发芽种子数/

(供试种子数×100)〕的作用。同时，晒种可利用短光紫外线杀死种子表面病菌。

药剂拌种：拌种的杀菌剂较多，使用剂量因药型和作物种类而异。药剂拌种可杀死种子表面的病原菌，并可使种子带毒。

浸种和催芽在劳动实践当中最常用，以下详细介绍浸种和催芽的常见方式。

1. 常温浸种

使用 20～30 ℃ 清水，无杀菌作用，水量为种子体积的 5 到 6 倍，适用于种皮薄、吸水快的种子，具体浸泡时间与种类有关，详见表 4-1。

表 4-1 常用种子浸种催芽的适宜温度和时间

种类	浸种水温	浸种时间	催芽适温
莴苣	15～20 ℃	3～4 小时	浸后播种
香菜	15～20 ℃	24 小时	浸后播种
甜菜	15～20 ℃	24 小时	浸后播种
芹菜	15～20 ℃	8～48 小时	20～22 ℃
菠菜/韭菜/大葱/洋葱	15～20 ℃	10～24 小时	浸后播种
茴香	15～20 ℃	1～2 天	浸后播种
荠菜	15～20 ℃	10 小时	浸后播种
黄瓜	20～30 ℃	4～5 小时	20～25 ℃
南瓜	20～30 ℃	6 小时	20～25 ℃
冬瓜/丝瓜	25～35 ℃	1～2 天	25～30 ℃
苦瓜	25～35 ℃	3 天	25～30 ℃
番茄	20～30 ℃	8～9 小时	20～25 ℃
辣椒	30 ℃	8～24 小时	22～27 ℃
茄子	30～35 ℃	1～2 天	25～30 ℃
玉米	25～40 ℃	4～12 小时	浸后播种或 20～25 ℃ 催芽

注：玉米可直播干种。

2. 温汤浸种（55 ℃ 清水）

使用 55 ℃（病菌的致死温度）清水，有灭菌作用，水量为种子体积的 5 到 6 倍，温汤浸泡时间为 10 分钟（病菌的致死时间）。

具体操作工艺流程：准备种子和用具→清水漂去瘪籽→温汤浸泡→不断搅拌→常温浸种→清水漂洗（搓洗籽粒表面）→催芽（非必须）→播种。

温汤浸种适用于种皮较薄的喜温或耐热种子。

要点：浸种时，需不断搅拌，并及时补给温水以保持55 ℃水温，持续10分钟后，使水温逐渐降低至常温，再进行常温浸种。

催芽：将浸泡过的种子，放在黑暗或弱光的环境里，给予适宜的温度、湿度和氧气条件，促其发芽，便于种子整齐一致地萌发。催芽是以浸种为基础，但浸种后也可选择不催芽而直接播种。

3. **热水烫种（75～85 ℃）（慎重使用）**

使用75～85 ℃清水，水量为种子（干种子）体积的3到5倍，热水烫种时间为3～5秒，有灭菌和软化种皮的效果。

具体操作工艺流程：准备种子和用具→清水漂去瘪籽→热水烫种→不断搅拌加常温清水降温至30 ℃→常温浸种→清水漂洗（搓洗籽粒表面）→催芽（非必须）→播种。

适用于种皮较厚、吸水困难的种子（西瓜、冬瓜、丝瓜和苦瓜等）。

热水烫种优点是浸种时间短、灭菌效果好，但必须慎重使用，不适用于种皮薄的种子。

4. **药剂浸种**

药剂浸种应选用适当的化学药剂，具体操作工艺流程：准备种子和用具→清水漂去瘪籽→常温清水浸种→放入药剂消毒→捞出清水彻底冲洗干净→催芽（非必须）→播种。

福尔马林（甲醛水溶液）浸种：福尔马林稀释100～300倍后浸种15～30分钟，捞出种子用清水洗净，催芽（非必须）播种。适用茄子、菜豆、黄瓜等，可以防治茄子黄萎病和绵腐病、菜豆炭疽病、瓜类炭疽病、枯萎病和黑星病。

磷酸三钠Na_3PO_4浸种：清水浸泡4小时后，再放至10% Na_3PO_4溶液中浸泡20～30分钟，捞出后用清水洗净，催芽播种。可防治辣椒、番茄等蔬菜的病毒病。

多菌灵浸种：用50%多菌灵稀释600～800倍液浸泡瓜类、白菜、番茄种子10分钟后捞出用清水洗净，催芽（非必须）播种。可防治瓜类白粉病和炭疽病、白菜黑斑病和白斑病和番茄早（晚）疫病。

氢氧化钠 NaOH 浸种：用 2% NaOH 溶液浸泡茄果类、瓜类种子 10～30 分钟后捞出用清水洗净，催芽（非必须）播种。可防治各种真菌病和病毒病害。

高锰酸钾 $KMnO_4$ 浸种：用 0.1～0.5% 高锰酸钾药液浸种 10～30 分钟，可减轻和控制茄果类蔬菜病毒病和早疫病。

要点：应严格控制药剂浸种的浓度和浸泡时间，浸泡后应多次冲洗，无药液残留后方可催芽或播种。

（二）播种

种子经处理后，就要播种，而播种要解决的四个问题是：①什么时间播种，即播种期；②播多少种子，即播种量；③播种深度；④如何播种，即播种方法。

1. 播种期

作物适时播种不仅可以保证发芽所需的各种条件，而且也能满足作物各个生长时期处于最佳的环境，避开不利的自然因素，如干旱、高温、霜冻、阴雨和病虫害等，达到趋利避害，高产高效的目的。播种期一般应根据气候条件、品种特性、栽培制度、种植方式和病虫害高发期确定，广东省劳动实践中常见作物的播种时间见表 4-2。

2. 播种量

确定合理的播种密度，应考虑气候条件（如生长季节长，密度可小些）、土壤肥力（肥力高、密度小）、作物种类、品种类型和种子质量等因素。劳动实践中应确定所选作物的行距（栽植行与栽植行间的距离）与株距（行内植株与植株间的距离，又称株间距离），广东省劳动实践中常见作物播种的行距和株距见表 4-2。

3. 播种深度

播种深度主要取决于种子大小、顶土力强弱、气候和土壤环境等因素。一般以作物种子大小和顶土力强弱分为两类。

大粒、顶土力强的种子，一般播种深度为 5 cm～6 cm。如豌豆、花生、蚕豆、玉米等。

小粒、顶土力弱的种子，一般播种深度为 3 cm～5 cm，如高粱、谷子、棉花、大豆等。

广东省劳动实践中常见作物的播种深度见表 4-2。

4. 播种方式

播种方法应根据作物品种、生长特性、耕作制度、种植密度和播种设备等因素确定。一般分为撒播、条播、点播（穴播）三类。

撒播：将种子均匀地撒于田地表面（撒播后可覆土或不覆土）的播种方式。目前国内主要用于油菜、蔬菜、水稻等作物的苗床播种或绿肥、牧草等的播种。沙漠地带的固沙植物、山区的林木、大面积稻田直播，以及牧草的播种等，普遍采用飞机撒播，以克服播种技术上的困难和节省人力物力。

条播：广泛采用的播种方式。其优点是植株分布均匀，覆土深度比较一致，出苗齐，通风透光条件较好，便于间套作和田间管理。同时，在条播时可集中施种肥。麦类作物，一般行距 15 cm～20 cm；中耕作物，如玉米、棉花等，行距为 45 cm～75 cm。

点播：又称穴播，即在播行上每隔一定距离开穴播种。点播能保证株距和密度，有利于节省种子，便于间苗、中耕，多用于玉米、棉花、甜菜、向日葵等作物。

需注意的是：一般而言，播种量超过留苗量，会造成幼苗拥挤，为保证幼苗有足够的生长空间和获取营养的面积，在作物种子出苗过程中或完全出苗后，可采用机械、人工、化学等人为的方法去除多余幼苗，这过程称为间苗，又称疏苗。适时间苗，可避免幼苗拥挤影响光合作用，并合理利用土壤水分和养分，有利于培育壮苗。

中耕是作物生育期中在株行间进行的表土耕作。可采用手锄、钉齿耙和中耕犁等工具。目的是疏松表层土壤、增加土壤透气性、提高地温，促进好氧微生物活动和养分有效化（矿化），去除杂草，促使根系伸展、调节土壤水肥气热。

广东省劳动实践中常见作物的播种方式见表 4-2。

表 4-2 广东省劳动实践中常见作物的播种时间、行/株距、播种深度和播种方式

种类	播种时间	行/株距	播种深度	播种方式
玉米	3 月上中旬播种，7 月上中旬收获；10 月下旬至 11 月上旬播种，翌年 3 月收获	60 cm/30 cm	4 cm～8 cm	穴播：1 种子/穴

续表

种类	播种时间	行/株距	播种深度	播种方式
大豆	8月中下旬播种，11月收获	40 cm～50 cm/30 cm～40 cm	3 cm～5 cm	穴播：3 cm～4 种子/穴
马铃薯	10月下旬至11月中旬播种，翌年2—3月收获	50 cm～60 cm/25 cm～30 cm	6 cm～10 cm	条/穴播：1 块茎/穴
小番茄	8—10月	50 cm/50 cm	育苗 0.5 cm～1 cm	育苗后定植
萝卜	全年可种，秋冬为主	50 cm/20 cm	1 cm～2 cm	穴播：3～4 种子/穴
油菜	9—11月份种植，5月收获	30 cm/30 cm	3 cm～3.5 cm	穴播：4～5 种子/穴

三、田间管理技术

田间管理是指大田生产中，作物从播种到收获的整个栽培过程所进行的各种管理措施的总称，即为作物的生长发育创造良好条件的劳动过程。

这里着重介绍劳动实践中典型作物玉米的田间管理措施，玉米田间管理是根据玉米生长发育规律，针对各个生育时期的特点，通过灌溉、追肥、中耕、培土、防治病虫草害等，对玉米进行适当的促控，调整个体与群体、营养生长与生殖生长、玉米所需与环境供应的矛盾，保证玉米健康生长发育，从而达到高产、优质、高效的目标。

VE 出苗

当第1片叶（胚芽鞘）出现在土壤表面之上时，即为出苗。种子吸收水（约为其重量的30%）和氧气用于发芽。根据土壤湿度和温度条件，胚根迅速从籽粒尖端附近露出。胚芽鞘从籽粒具胚一侧长出，并通过中胚轴伸长被推向土壤表面。当包裹胚芽叶的中胚轴结构接近土壤表面时，胚芽叶便打开。

合适的土壤温度（10～12.8 ℃）和湿度条件可以促进玉米快速出苗（5～7 天）。最佳播种深度为 3 cm～5 cm。寒冷、干燥和深播可能会延迟几天出苗。

V1—6 叶期

节生根出现并占据主导地位，注意管理杂草、昆虫和病害，此阶段玉米植株开始快速吸收养分、需定时施肥以满足这时期的养分需求，特别是氮等可移动的养分。

V10 叶期

在此阶段，玉米对养分（K>N>P）和水的需求很高。高温、干旱和营养缺乏将会影响潜在的籽粒数和穗的大小。需注意根倒伏的问题和病害（例如锈病、褐斑病）。此时期杂草控制至关重要，因为玉米不耐早期的水、养分和光照强度竞争。

V14 叶期

该阶段在开花前约两周，对高温和干旱胁迫高度敏感。从这个阶段到雄穗完全长出，将会有另外 4~6 片叶展开。

此阶段应注意根倒伏和茎秆倒折问题，并注意病虫害的防治。

VT 雄穗完全抽出

该阶段形成潜在的行里数、最终潜在粒数（胚珠数）和潜在雌穗大小。

此阶段，玉米对养分（K>N>P）和水的需求接近最大值。高温和干旱会影响潜在的籽粒数。特别需要注意病虫害的发生，如蚜虫、玉米螟、锈病和叶枯病等，叶片落叶总量将严重影响玉米最终产量。

R1 吐丝期

此阶段玉米对养分（N 和 P 的积累仍在进行，K 的积累近乎完成）和水的需求达到顶峰，高温和干旱将影响授粉和最终籽粒数。

R2 水泡期

花丝变暗并开始变干（R1 期之后约 12 天），玉米籽粒呈白色水泡状，含有清澈透明的液体，籽粒含水量约为 85%。胚在每个籽粒中发育，细胞分裂完成。籽粒灌浆开始。注意及时灌溉。

R3 乳熟期

花丝变干（R1 吐丝期之后约 20 天），籽粒是黄色的。注意及时灌溉。

R4 蜡熟期

籽粒内含物质具有面团状稠度（R1 期之后约 26~30 天）。淀粉和营养物质迅速积累；籽粒含有 70% 的水分，并开始在顶部凹陷。在此阶段发生霜冻对谷物质量的影响严重（霜冻从轻到重分别会造成25%～40%的产量损失）。

R5 凹陷期

大多数籽粒都是凹陷的。随着淀粉含量的增加，籽粒水分下降到约55%（R1期之后38～42天）。

R6 成熟期

籽粒基部形成黑色层，阻断干物质和养分从植株移动到籽粒（R1期之后50～60天）。籽粒干重达到最大（水分含量30%～35%），并且生理成熟。此阶段可以开始收获，长期储存的推荐水分为14.5%。

四、作物收获

收获是作物生产的最后阶段，而收获的标准是作物是否成熟。作物的成熟大致可分为生理成熟和工艺成熟。生理成熟是指作物完成全部个部发育，生理上达到一定的成熟指标。工艺成熟是指作物生长到一定时期，外观上表现出一定的特征，达到工艺要求时，即可收获。

（一）作物收获时期

作物的收获期需根据作物种类、品种特性、落粒性、天气状况等而定，适时收获是获得高产优质的重要保证，不宜过迟，也不能过早，否则会影响作物产量和品质，并影响后作的播栽。主要作物适宜收获期的形态特征见表4-3。

表4-3 主要作物适宜收获期的形态特征

作物	产量器官	用途	形态特征
水稻	籽粒	食用	茎叶带绿色，穗枝梗呈黄色，谷粒90%变金黄色
小麦	籽粒	食用	全株变黄，茎秆仍有弹性，籽粒黄色稍硬
玉米	籽粒	食用、饲用	中下部叶片变黄，苞叶黄白并松散，籽粒硬化有光泽，籽粒基部和穗轴交界处出现黑层
大豆	种子	食用、油用	叶片基本脱离，茎秆变黄枯色，手摇动植株有响声

续表

作物	产量器官	用途	形态特征
甘薯	块根	食用	甘薯没有明显的收获期，气温降至15℃，茎叶生长和块根膨大停止
马铃薯	块茎	食用	茎叶大部分枯黄，块茎易与匍匐茎分离，表皮变硬而厚
棉花	种子	纤维用	铃壳干缩裂开，向外卷曲，籽棉松散，露出铃外
麻类	韧皮部	纤维用	中部叶片变黄、下部叶脱落，易于剥制
花生	种子	油用	上部叶片变黄，荚壳变硬，内膜呈黑褐色，种皮发红
油菜	种子	油用	2/3角果呈黄色，主花序基部角果变黄白色
甘蔗	茎	糖用	茎色加深，枯叶增多，青叶减少，梢部新生叶短而窄，姿态较伸直
甜菜	块根	糖用	气温降至5℃，外围叶变黄，中层叶成黄绿色
烟草	叶	烟用	叶色变淡，叶面茸毛脱落有光泽，主脉发亮变脆
牧草	全株	饲料、肥料	豆科牧草在初花期，禾本科牧草在抽穗期

（二）作物收获方式

作物收获可采用人工收获和机械收获两种方式。

在传统农业阶段主要以人工收获方式为主，其中禾谷类作物、油菜、芝麻、牧草等多用刈割法；棉花、绿豆等作物多用摘取法；而甘薯、甜菜、马铃薯等地下块根或块茎等作物多采用掘取法进行收获。

现代农业多采用机械收获方式，其具有工效高、收获时间短和损失少等优点，目前主要应用于谷类作物，按收获工艺的不同，主要分为两类：用机械将作物割倒，铺放在田间，打捆运输后进行脱粒、分离和清理等作业的方式为分段收获；用联合收获机在田间一次完成切割、脱粒、分离和清粮全部作业称为联合收获。联合收获可大幅度提高劳动生产率，降低劳动强度，减少谷粒损失，有利于及时收获，但联合收获机结构复杂，价格昂贵，对驾驶员的技术要求也较高。

（三）干燥、贮藏与保鲜

1. 种子干燥

禾谷类、豆类及油料等作物种子收获后应立即进行脱粒和干燥，至安全含水量时入仓贮藏。因季节、劳力紧张等因素不能立即脱粒时，应将作物捆好堆垛覆盖，待收获结束后集中脱粒。种子脱粒后，必须尽早晒干或烘干扬净，否则，食用价值或种子品质容易因霉变、发芽、病虫危害而降低。棉花必须分级、分晒、分轧，以提高品质，增加经济效益。

干燥方式主要有自然干燥和机械干燥两种。自然干燥是通过晾晒的方法，降低作物种子的含水量；机械干燥是使用升温和鼓风设备使作物种子干燥。不同作物的种子安全贮藏的含水量标准不同，一般禾谷类作物的籽粒含水量约为12%～13%之间，油料作物的种子含水量为9%～10%。

2. 贮藏与保鲜

不同作物产品的贮藏方式有所不同，一般谷类、豆类及油料作物的种子采用仓储、袋储和囤储等方式；以营养器官为播种材料的甘薯、马铃薯、甘蔗等作物，其种薯、蔗种等则需在安全温度、湿度和空气条件下窖藏；烟草、麻类等在烘烤或剥制干燥等特殊处理后贮藏。

知识点

玉米的播期和生育期划分（以广东为例）

广东春玉米3月上、中旬播种，7月上、中旬可收获。冬种玉米一般是10月下旬至11月上旬播种，翌年3月灌浆成熟。

依据玉米植株形态学上的变化，玉米的一生可划分为若干个时期，称为生育时期。

（1）出苗期：指幼苗的第一片叶出土，苗高2 cm～3 cm的日期。

（2）拔节期：以玉米雄穗生长锥进入伸长期为拔节的主要标志，植株有6～7个展开叶片，叶龄指数约为30%。

（3）大喇叭口期：植株外形是果穗叶及上下两片叶大部伸出，有12～13片展开叶，内部雌穗正处于小花分化期，叶龄指数约为60%，距抽雄穗10天左右。

(4) 抽雄期：雄穗主轴露出顶叶 3 cm～5 cm，营养生长基本结束，雄穗分化已经完成。

(5) 开花期：雄穗主轴小穗花开花散粉的日期，此时雌穗的分化发育接近完成。

(6) 吐丝期：雌穗花丝从苞叶伸出 2 cm 左右的日期。正常情况下，抽丝期与雄穗开花期同时或迟 1～2 天。

(7) 成熟期：籽粒变硬，呈现品种固有的形状和颜色，并见胚位下方尖冠处出现黑色层。

种子的贮藏

种子是最基本的农业生产资料，种子贮藏是种子生产经营活动的重要环节，也是救灾备荒的重要措施。由于一般大田作物的种子仓库没有调控温度的设备，因此，种子安全贮藏主要着眼于控制种子水分（表 4-4）和仓库的湿度。

在种子贮藏期间，要建立种子保管制度，定期、定点检查库内温、湿度的变化和种子含水量。如果发现不正常情况，应立即采取措施，如通风、降温、散湿、熏蒸等。

表 4-4 种子含水量对贮藏的影响

含水量范围	种子状态
高于 14%	种子寿命可能缩短，甚至发生霉变等意外事故
14%～5%	较为安全
6%～8%	最为安全
4%～5%	影响种子寿命

注：不同种类的种子存在一定的差异。

延伸阅读

开辟水稻育种新途径

"今年 5 月，我们的水稻材料就要在北京实验田里试种了，未来有望推广到更多地方。"说起手头的工作，余泓眼睛里都是喜悦。

余泓是中科院遗传与发育生物学研究所李家洋院士团队的一员。他说的水稻材料,是该团队快速从头驯化的全新水稻品种。去年初,这一成果发表在科学期刊《细胞》上,被业界认为有望开辟一条野生植物驯化新路。

农作物的栽培与人工驯化是农业文明起源的重要标志。水稻是全球一半左右人口的主粮,往前溯源,它们的祖先都是7000到1万年前的二倍体(含有两个染色体组)野生稻,经过了漫长驯化,成为当前栽培的水稻。

过去,科学家在二倍体栽培稻的基础上,培育出了一系列优异的水稻品种。然而,除了二倍体栽培稻,稻属还有其他20多种野生植物,按照基因组特征又可以分成11类,包括6类二倍体基因组和5类四倍体基因组。其中,CCDD基因组异源四倍体野生稻,是将两套基因组水稻的完整二倍体染色体进行了融合,有天然的杂种优势,还具有环境适应能力强等优势。

如何在异源四倍体野生稻基础上从头驯化一种全新的水稻?经过多年攻关,李家洋团队提出了异源四倍体野生稻快速从头驯化策略,带领团队创制了世界首例重新设计与快速驯化的四倍体水稻材料。这被称为水稻育种从"0"到"1"的重要突破。驯化策略分为四个阶段。在第一阶段,该团队与同行合作,收集了28份异源四倍体野生稻资源。通过深入研究,筛选出一份高秆野生稻资源,并将其命名为多倍体水稻1号。在第二阶段,团队建立了野生稻快速从头驯化技术体系。在第三阶段,进行品种分子设计与快速驯化;第四阶段则是推广应用。

经过对多倍体水稻1号中同源基因进行编辑,团队成功创制了落粒性降低、芒长变短、株高降低、粒型变长、茎秆变粗、抽穗时间缩短的各种基因编辑材料。"应用这一新方法,水稻从头驯化可能缩短到几十年甚至几年。"李家洋表示。(图4-6为李家洋院士在察看野生稻)

经过漫长的驯化,野生植物中一些符合人类需求的性状被保留下来,作物的产量更高了,适用种植范围更广了,但这一过程也造成了遗传多样性的大量减少和一些重要基因资源的丢失。现代农业追求高产,品种的单一化、同质化种植,在削弱了农业生态系统多样性的同时,还易引发土壤、水污染等问题。

多倍体化是植物最重要的进化事件之一。业内专家表示,二倍体向多倍体演化过程引入了新的遗传信息，这一驯化策略有利于保护生物多样性。由于在作物育种上的贡献，"异源四倍体野生稻快速从头驯化获得新突破"入选2021年度中国十大科技进展新闻。

我国人多地少，吃饭问题始终是头等大事。业内专家表示，突破现有作物改良局限和技术瓶颈，创造符合我国国情、农情的全新作物，引领种子精准设计，对保障我国粮食安全具有重要的意义。李家洋团队提出的策略，极大压缩了作物驯化时间，为农业产值高、遗传背景复杂、驯化潜力大的野生植物的快速驯化提供了思路。

未来，科学家们还将做进一步的研究，依靠植物基础科学研究的重大理论创新和技术突破，从头驯化更多新作物。

图4-6　李家洋院士在察看野生稻

资料来源：喻思南《中科院李家洋院士团队创制世界首例重新设计与快速驯化的四倍体水稻材料——开辟水稻育种新途径》，载《人民日报》2022年04月18日，第19版。此处有删改。

> **延伸阅读**

小麦的传奇身世背后，是人类书写的一部长达5000年的小麦驯化和育种历史

小麦是一种能让人类为之疯狂的农作物，它主导着人们的饮食结构，跻身全球三大粮食作物榜单。

由最初一棵无人识的野草变成今天不可替代的农作物，小麦的传奇身世背后，是人类书写的一部长达5000年的小麦驯化和育种历史。在这部厚厚的历史书中，中国小麦育种留下了笔墨浓重、举世瞩目的精彩篇章。如今，我国小麦品种全部实现国产自育，小麦总产量稳坐世界头把交椅。

小麦起源于西亚新月沃地区，在5000年前，才被人类驯化为栽培作物，传入欧洲和非洲，并逐渐引种到世界各地。大约在4000年前，小麦传入中国，落户黄土高原和黄河中下游。春秋战国时期我国北方就已经开始广泛种植小麦了，自汉唐时，小麦开始大面积种植，到宋朝，小麦一举"登顶"，取代了谷子这个中国传统作物的主粮地位。

"十三五"期间，我国小麦产量牢牢锁定在1.3亿吨以上，位居全球第一。硬币的另一面，是小麦播种面积累计减少1980万亩。面积减产量却不减，得益于小麦亩产的不断提高。数据表明，"十三五"期间，我国小麦平均单产比美、加、澳、俄等小麦出口大国高70%左右。

这份优异成绩背后是育种科技的支撑。每一次，当小麦把穗头垂得更低，中国小麦育种人的腰板就挺得更直。

在育种材料创新上，我国小麦育种家注重利用野生近缘物种优异基因进行小麦种质创新，先后实现偃麦草、簇毛麦、冰草、黑麦、鹅观草属与小麦的远缘杂交，并向小麦导入野生种有益基因，对小麦种业发展贡献巨大。

在育种技术和手段上，我国研发的小麦SNP育种芯片、基因特异性标记的KASP高通量检测以及分子模块育种技术，已在常规育种中得到广泛应用，分子育种技术已逐渐成为培育重大品种的常规手段。

随着我国育种科技发展，小麦新品种更新换代速度明显加快。以小麦种植面积最大的河南省为例，从1949年广泛种植农家品种到2018年大面积推广百农207，已完成了11次更新换代，主导品种的产量潜力从43.6

公斤/亩提高到 540 公斤/亩。

  1981 年,中国农业科学院建立了我国第一个小麦加工品质实验室,筛选鉴定出中作 8131-1 等一批优质小麦品种。与此同时,小麦主产区各省也相继开展了优质小麦选育工作。从 2004 年开始,我国在不断提高小麦单产以维持总产的同时,大力推新创优,小麦优质强筋、弱筋品种不断问世。

  "十四五"期间,我国将深入开展小麦良种联合攻关,不断提高小麦种业创新水平,增强原始创新能力,加快培育推广一批突破性小麦新品种,进一步夯实国家粮食安全的基础。

  资料来源:周磊、芦晓春、张跃强《科普:小麦的传奇身世背后,是人类书写的一部长达 5000 年的小麦驯化和育种历史》,见科普中国网(https://www.kepuchina.cn/more/202108/t20210819_3022330.shtml)。此处有删改。

耕读体验

一、玉米种植实践

(一)活动创意

  该活动旨在使学生熟悉玉米生产的基本环节,掌握玉米播种和田间管理方法,熟悉常用的农耕操作技术。掌握穗数、粒数、粒重等田间测产、考种的操作技术,熟悉测产田各品种的评价方法。通过田间劳动树立节约资源、保护环境意识,培养学生热爱农业、吃苦耐劳、团结协作的精神。

(二)活动方案

  实验工具:锄头、钉齿耙、尼龙绳、不同品种的种子、浸种药剂、播种床、皮尺、钢卷尺、游标卡尺、托盘天平、电子天平、大田玉米植株、玉米果穗、尼龙种子袋、标签等。

1. 方法步骤

(1)耕地整备。

  使用钉齿耙、锄头等清除田间的残体、根茬、落叶、杂草,然后挖高垫低,保持田面平整。

(2) 种子处理与播种。

处理玉米种子（浸种）后播种（选择合适的播种时间、行距/株距、播深和播种方式）。

(3) 玉米田间管理。

做好玉米苗期、穗期和花粒期田间管理（及时浇水、除草、施肥等）。

(4) 玉米田间测产。

在测产田中按对角线法划定测产小区，然后测定小区面积、株数、双穗株数、空秆株数、穗数、双穗率、空秆率等指标。每小区选取代表性植株10株，测定株高、茎粗、穗位高、地面茎节数，计算其平均数。

(5) 玉米室内考种。

收获后，每小区选取代表性穗子20穗，装入尼龙种子袋中，写好标签，标签内容包括姓名、作物名称、品种、收获日期，然后带回室内风干；果穗风干后，进行玉米考种，测定及计算穗长、穗粗、穗行数、行粒数、秃尖程度、穗重、穗粒重、出籽率、千粒重等结果。

2. 注意事项

(1) 劳动前进行安全教育，使用农具时注意安全并防暑降温。

(2) 注意各个环节的技术要点，确保玉米良好生长。

(三) 活动考核

1. 耕地整备

破碎坷垃；疏松表土，破除板结；平整地面，便于灌溉和机械化作业；耙混肥料；耙碎根茬，清除杂草。

2. 种子处理与播种

出苗较齐；如有缺苗发生，及时补种；做好间苗。

3. 玉米田间管理

保证玉米健康生长发育，获得高产、优质、高效的目标。

4. 玉米田间测产

合理划分小区，正确测定并记录测产指标及玉米形态指标。

5. 玉米室内考种

合理选取代表性株穗，正确测定并计算考种指标。

二、阳台种植大挑战

（一）活动创意

活动主题为"低碳生活、阳台种植"，通过种植实践劳动，了解种植作物生长习性及发育规律，掌握阳台种植方法与技巧；培养学生热爱农业、勤于思考、团结协作的素养，创新改造栽培新模式，探索实施阳台农业（图4-7）。

图4-7 阳台农业

（二）活动方案

1. 实验工具

种植箱、种植土、种子、肥料、种植小工具。

2. 方法步骤

（1）根据气候条件、阳台情况等制订方案计划。

（2）准备种植箱、种植土、肥料、小铁铲等工具材料。

（3）填土、种子处理等播种前期准备。

（4）选择适宜的播种方式，覆土、浇水、养管等。

（5）观察记录生长状况。

3. 注意事项

（1）注意种植箱摆放安全，严禁放置于非封闭阳台的易坠落区。

（2）及时清理打扫，保持卫生整洁、美观。

（3）如发生病虫害，尽量用物理防治、生物防治方法，谨慎使用化学药剂以防中毒。

4. 你可能会用到的小知识

（1）种植箱可以用可回收物品，如泡沫盒、塑料盒、塑料桶、罐子、瓷缸等。

（2）如果需要覆膜，可以试试塑料袋或者保鲜膜。

（3）种植土可选用营养土或者田园土，还可以选择水培。

（4）种子的选择要考虑阳台空间和作物生长所需的光照、温度等环境条件，可优先选择生长周期短、易生长、易种植的蔬菜，如香葱、韭菜、菠菜、小白菜等。请购买经过品种审定的正规种子。

（5）肥料可以尝试自己沤制，果皮、果核、菜叶、茶叶渣、瓜子壳、花生壳、淘米水、鸡蛋壳等都可以用来发酵制作肥料。

（三）活动考核

（1）查阅相关资料，方案完整、计划可行。

（2）积极参与劳动，作物生长良好，符合预期标准。

（3）观察记录全面、翔实、可信。

（4）劳动过程有创新，团队合作情况良好。

三、玉米收获运动会

（一）活动创意

活动主题为"丰收的喜悦"，通过趣味运动的形式进行玉米收获，增强珍惜粮食、勤俭节约的意识；掌握玉米收获的基本技能，涵养工匠精神，培养学生吃苦耐劳、团结协作的职业素养。

（二）活动方案

1. 操作步骤

待玉米成熟时，选择合适的玉米收获场地，分小组开展玉米收获竞赛。

2. 可选项目

玉米棒采摘10分钟接力赛、玉米秸秆砍伐10分钟接力赛、玉米脱粒1分钟竞赛、秸秆堆肥预处理赛等。

3. 注意事项

（1）请穿着合适的衣物，活动前注意热身运动。

（2）注意防范蚊叮虫咬及防暑降温。

（三）活动考核

（1）遵守活动规则，积极参加并认真完成。

（2）按要求完成作物收获。

四、玉米美食加工小尝试（可选）

（一）活动创意

通过对玉米进行创意加工，掌握一定的玉米产品制作能力，感受劳动的魅力；培养学生珍惜粮食、勤俭节约的生活习惯和团结协作、勇于创新的职业素养。

（二）活动方案

1. 操作步骤

选择适宜的玉米材料，分小组进行制作。

2. 可选项目

烤玉米、鲜榨玉米汁、爆米花、玉米烙、玉米碴子粥、玉米糊糊、玉米窝头等。

还可以自由发挥，你还想用玉米做什么美食呢？赶紧来尝试一下吧！

3. 注意事项

（1）注意电器及相关设备的使用安全。

（2）注意采用新鲜食材和正规配料，注意食品安全。

（三）活动考核

（1）作品主要原料应为玉米。

（2）原料新鲜，作品卫生合格，色香味俱全。

（3）方法步骤等操作明细详尽。

（4）作品有创新可加分。

深入思考

1. 如何理解免耕与精耕细作？
2. 种质资源的重要性主要体现在哪些方面？

第二节　智慧农业

导语

要把发展农业科技放在更加突出的位置，大力推进农业机械化、智能化，给农业现代化插上科技的翅膀。

——习近平总书记2018年9月25日在北大荒建三江国家农业科技园区考察调研时的讲话

加快发展智慧农业，推进农业生产经营和管理服务数字化改造。

——《中华人民共和国国民经济和社会发展第十四个五年规划国和2035年远景目标纲要》

学习目标

知识目标：了解什么是智慧农业，为什么要发展智慧农业。
能力目标：掌握智慧农业相关的基本农业信息技术。
素养目标：树立科技兴农、科技惠农的意识。

我们国家拥有14多亿人口。因此，农业的基础地位任何时候都不能被忽视或者削弱，"手中有粮、心中不慌"在任何时候都是真理。科技的力量必然会推动农业飞速发展。自古以来，农业生产方式从传统的刀耕火种逐渐转向机械化作业，经历了从批量化到精细化、智能化的演变过程。直到今天，科技发展为现代农业注入新活力，智慧农业已成为当今世界人们心中农业发展的美好愿景。

智慧农业以信息和知识为核心，通过深度跨界融合现代信息技术和智能装备等手段，实现农业生产全过程的信息感知、定量决策、智能控制、精准投入、个性化服务的全新生产方式。智慧农业代表了农业现代化发展从数字化到网络化再到智能化的高级阶段，为农业带来了巨大的变革与发展。

一、布朗之问

20世纪90年代,西方有个著名疑问叫作"布朗之问"——未来,谁养活中国?

莱斯特·布朗,曾任美国农业部政策顾问、世界观察研究所所长。1994年,莱斯特·布朗发表了一篇名为《谁来养活中国人》("Who will feed China")的文章。文章指出,随着中国社会人口的不断增加,以及消费结构的改善,2030年中国粮食需求量将会增长85%。但由于城市化发展使得耕地减少,工业化导致自然环境破坏,随着生产率的下降,粮食总产量将会比1994年减少20%。在耕地减少与人口增加的情况下,2030年中国将会面临严重的粮食问题,进口总量需要达到3.78亿吨,而世界粮食出口不过2亿吨,到时候,不仅中国养活不了自己,世界也不能养活中国。布朗认为,在2030年中国就会成为缺粮大国,并给全世界的粮食供应带来压力。这令当时不少中国农业学者十分担忧。

直到杂交水稻问世,水稻育种专家袁隆平表示,布朗低估了科技的力量! 时至今日,昔日质疑不攻自破,莱斯特·布朗发出的诘问在如今看来已没有任何意义,事实证明中国人不需要西方来"关心"粮食安全,中国人凭着人定胜天的信念以及工业水平的不断进步,足以保证国人餐桌上的食物。

众人拾柴火焰高。现如今,我国在农业上取得的成绩不光依靠国家组织投入,不少社会企业也在贡献力量。著名企业华为在山东淄博联手山东理工大学,基于5G、卫星遥感、大数据等前端科技,建设了全国首个生态无人农场。浙江的数秦科技,将区块链引入农业,开发了服务"三农"的软硬件一体化平台"数农网",并与中国电信、华为云等建立了战略合作关系。以"区块链+大数据+物联网"为驱动引擎,围绕农业生产、供给、消费、监管、服务五大场景,为农户、农企、消费者、农业管理部门和农业科研机构提供全方位的跨域协作解决方案。

二、为什么要发展智慧农业?

农业的发展紧密依赖于工业和科技的快速发展,每当工业和科技发生巨大的变革时,相关技术都会被应用到农业生产,从而推动和促进农业的发展,并引发农业生产、管理、经营、服务等全产业链的变革。目前,农业的发展主要经历了从农业 1.0 到农业 4.0 四个不同的阶段,每个阶段都有鲜明的时代特征。

(一) 农业 1.0 时代

农业 1.0 时代是指人力与畜力为主的传统农业。农民主要依靠个人体力劳动及畜力劳动进行农作物的种植,根据经验来判断农时,并使用简单的工具和畜力来耕种。农业生产以小规模的家庭农户为单元进行,生产规模较小,生产技术和经营管理水平相对落后,抗御自然灾害能力较差,农业生态系统功效低,农产品的商品经济属性不够突出。

(二) 农业 2.0 时代

农业 2.0 时代,与农业 1.0 时代的手工和畜力工具相比,最显著的区别是农业装备开始在农业广泛应用。第一次农业科技革命,即农业机械化革命,推动了农业 2.0 时代的产生和发展。拖拉机的发明和应用是第一次农业科技革命的重要标志,拉开了农业 2.0 时代的序幕。农业 2.0 以"农场"为标志,农业经营逐渐大规模化,"种养植大户"兴起。农业 2.0 也被称作机械化农业,以机械化生产为主,运用先进适用的输入性动力农业机械代替人力、畜力生产工具,改善了"面朝黄土背朝天"的农业生产条件。这种转变使得农业生产方式从落后低效的传统生产方式转变为先进高效的大规模生产方式,大幅提高了劳动生产率和农业生产力水平。

(三) 农业 3.0 时代

农业 3.0 时代,也被称为信息化农业,是以现代信息技术的应用和局部生产作业的自动化、智能化为主要特征的农业。随着生物技术和信息技术在农业生产中的应用,农业发展逐渐向信息农业时代迈进。通过加强农村广播电视网、电信网和计算机网等信息基础设施建设,充分开发和利用信息资源,构建信息服务体系,促进信息交流和知识共享,现代信息技术和智能农业装备在农业生产、经营、管理、服务等各方面得到了普及与广泛应用。相较于机械化农业,信息化农业具有更高的自动化程度,能够实现资源利用率、土地产出率、劳动生产率的更大提升。在 20 世纪 70 年代,信息技术和计算机被美国应用到农场管理,通过计算机技术采集农业管理数据,并进行简单的农业生产建模、分析和管理,这标志着信息农业、智慧农业的开端。

（四）农业4.0时代

农业4.0时代是农业生产的高级阶段，智慧农业的产生、应用和发展标志着现代农业迈入农业4.0时代。农业4.0整合了新兴的移动互联网、云计算和物联网技术，依托于部署在农业生产现场的各种传感节点（如空气环境温湿度、土壤温湿度、CO_2、图像等）和无线通信网络，通过结合农业遥感、农业地理信息、农业数据库、计算机视觉、人工智能等技术，进行现代信息科学与传统农学的跨界融合和交互，实现了现代农业生产环境的智能感知、智能预警、智能决策、智能分析、专家在线指导。农业4.0为农业生产提供了精准化种植、可视化管理和智能化决策的能力，是现代农业发展升级版。

未来农业生产将更多广泛地应用互联网、物联网、人工智能、云计算、智能农机、基因编辑、纳米技术、生态农业技术等先进技术。这些技术的应用将有效减轻自然灾害等因素对农业的影响，摆脱传统农业生产对土壤种植的限制，使农业作业更加自由化、少人化、无人化、智能化、智慧化、生态化、可持续化。

现如今，中国粮食总产量已连续7年超过1.2万亿斤，小麦、水稻的自给率也在99%以上，这些数据用实力证明了中国人民有强大的解决困难的能力。

所以今天，我们完全能昂首回答，中国人自己就能养活自己。相信在未来，还会有更多力量聚焦到农业、农村、农民上，这片曾被人忽视的土地，将释放出更加磅礴的力量。

三、实现智慧农业需要哪些关键技术？

（一）农业物联网

物联网被世界公认为是继计算机、互联网与移动通信网之后的世界信息产业第三次浪潮。物联网基于感知技术，实现了人与人、人与物、物与物全面互联。在物联网中，各种微型芯片被植入物体当中，用这些传感器获取物理世界的各种信息，再通过局部的无线网络、互联网、移动通信网络等进行交互传递，从而实现对世界的感知。

目前，物联网已被广泛地运用在农业生产和管理领域。美国大部分农场已通过物联网技术实现了农业各生产环节的信息感知。例如，从空气温湿度、土壤温湿度、降水、土壤酸碱度、光照、病虫害等多角度、多方面、多维度、多尺度进行农情数据采集，并结合数据库、遥感、人工智能、专家系统等技术，实现了农业生产的信息感知和智能决策。

农业物联网，即在农业控制系统中，运用物联网系统的温度传感器、湿度传感器、pH传感器、光传感器、CO_2传感器等设备，检测环境中的温度、相对湿度、pH、光照强度、土壤养分、CO_2浓度等理化参数。这些参数可以通过各种仪器和仪表进行实时显示，或作为自动控制的参变量参与到自动控制中，以确保农作物有良好的、适宜的生长环境。远程控制技术的实现使技术人员在办公室就能对农作物生长环境进行监测控制。通过使用无线网络测量来获悉作物生长的最佳条件，这能为精准调控提供科学依据，以达到增产、改善品质、调节生长周期、提高经济效益的目标。

（二）农业数据库

数据是实现农业生产、经营、管理、服务等全产业链可视化、集约化、精细化、智能化的基石。农业数据种类繁多、数据量庞大，涵盖土壤、作物、植物生理生化、气候等多学科、多维度的数据。对于高效地组织、存储和管理农业数据来说，数据库起着异常重要的作用。数据库是按照数据结构来组织、存储和管理数据的仓库，是一个长期存储在计算机内的、有组织的、可共享的、统一管理的大量数据的集合。考虑到农业数据的复杂性与多样性，农业数据库是一种能存储结构化、半结构化和非结构化等多种数据的综合数据库。

通过打造技术、信息、交易平台，可以实现农业战略体系的重构与再造。这样的平台可以为消费者提供全天候的实时互动视频，无间断地展示农作、加工、流通等各个环节，实现从土地到餐桌的农产品生产可追溯。对于农民及种养大户来说，平台可以实现订单农业，提供最新的生产技术和现货交易平台。同时，这样的平台还可以帮助农企、连锁机构及渠道客户实现各个环节的良性发展，为中国农业的信息化、工业化、现代化提供服务。

（三）农业地理信息系统

地理信息系统（Geographic Information System，GIS）是一种基于地理

空间数据库的技术系统，通过计算机软硬件的支持，运用系统工程和信息科学的理论，科学管理和综合分析具有空间内涵的地理数据，为管理与决策等提供所需的信息。地理信息系统具有采集、存储、查询、分析、显示和输出地理数据的功能，是当今世界发展最快，应用最广泛的系统之一。经过半个世纪的发展，地理信息理论与技术已经相当成熟，并得到了广泛的应用。在资源管理、环境评估、灾害预测、国土管理、城市规划、交通运输、水利水电、森林牧业等领域，地理信息管理发挥了显著的作用与贡献。

随着信息农业、数字农业的快速发展，地理信息学科已在现代农业的研究和生产中得到越来越广泛的应用：

（1）不同的作物生长带适种不同的农作物。通过地理信息分析（如叠置分析、缓冲区分析等）可以对作物生长带进行划分，并对作物的生态适宜类型进行区划，进而合理布局农作物的种植结构、规避种植风险。

（2）地理信息系统作为精准农业的核心技术，其应用主要有：①地理信息是智慧农业整个现代生产系统的承载动作平台和基础。各种农业资源数据的流入、流出以及对信息的决策、管理都要经过地理信息系统来执行。②地理信息作为智慧农业发展的核心组件，可将遥感、GPS、人工智能、专家系统、决策支持系统等组合起来，起到"容器"的作用。③作物产量分布图等农业专题地图的绘制和分析也都由地理信息系统来完成。

当然，地理信息系统在智慧农业的应用和前景不止于上述方面，其在评价农业药品的投入与产生的效益和作用、农田的灌溉空间分布、污染综合治理、农业气象规划农作物产量估计、病虫害管理工作等方面也发挥重要的作用。随着地理信息学科的发展和相应功能的不断拓展，地理信息科学会在更多具体领域中发挥作用，促进智慧农业和现代农业生产的集约化、现代化、信息化发展。

（四）农业遥感

农业遥感的本质是遥感技术在农业领域的应用，旨在解决农业生产实践中的具体问题，是遥感与农业的跨领域融合。农业遥感应用涵盖农作物种植面积识别、产量估测、农情监测、病虫害监测预测等。然而，农业有着独特的特点，其不仅受自然因素影响，还容易受到人为因素的干扰，比如农业管理上的灌溉、种植方式上的轮作等，这些都是非常具体且十分重要的农业实践活动，也是区别于传统意义上的遥感研究对象的地方。因此，开展农业遥感研究，需要考虑这些农业活动的基本特征与规律，结合物候特征、不同作物生长环节的生理生化特征等，提高农业遥感的准确性。

目前遥感技术在农业领域发展十分迅速，涌现出了不少前沿技术。在地面信息获取方式上，包括世界各地和我国持续发射的高分卫星（以农业部门为主用户之一的高分系列卫星）、资源环境卫星（如 MODIS、Landsat 系列等）、农业物联网（包括地物光谱仪、作物光谱采集设备），以及应用越来越广泛的搭载高光谱、多光谱和热红外、雷达传感器的农情监测无人机。在观测内容上，反映作物生长状况的叶绿色荧光也逐渐引起了人们的关注，荧光遥感也是目前农业遥感研究（如作物生长状况、估产等）的研究热点之一。另外，农业遥感也越来越多地与机器学习、人工智能、计算机视觉、大数据、云计算、5G 等现代信息科技新技术进行深度融合，开展更精准的农业研究和应用。

目前农业遥感的基础理论研究整体上较为成熟，无论是在模型算法还是硬件平台上，都取得了可喜的成就。然而，在农业遥感基础理论与实际应用之间还存在一些障碍。造成这些障碍的原因有两个方面：实际农业生产活动与地球系统的复杂性。这难以完全用现有的农业遥感基础理论进行完整的表达。与美国等发达国家的大农场模式相比，中国农田呈破碎化、小田块分布，资源环境卫星在国内农业应用中存在空间分辨率较粗等实际问题，制约了卫星遥感技术在我国农业生产中的高效应用。随着无人机遥感平台的兴起和成熟，这一问题也得到了较为有效的解决，中国目前也成为无人机遥感农业领域较为成熟和领先的国家。

遥感本身也存在一定的局限性，如光学遥感受云雨影响、时间分辨率与空间分辨率的兼容性、遥感受表层/表面信息获取的限制等。因此，遥感信息需要与其他领域，如土壤学、气象学等学科的专业知识结合，更重要的是结合传统农学的相关理论知识和技术，以更好地服务和应用于现代农业发展。

（五）智能农机技术

智能农机技术利用机器人、无人机、传感器等新兴信息技术、光电控制技术、大数据技术，对农业全产业链（育种、耕种、养殖、田间管理、采收、储藏、加工、运输、销售等）进行信息化、自动化、智能化升级改造。

例如，目前快速发展的植保无人机、播种无人机、施肥无人机、农情采集系统，与 5G 技术、GPS 导航系统结合的农用无人车、自动驾驶农机等。

智能农业技术的发展趋势主要包括以下方面：①嵌入式信息技术全面应用于农业生产系统，包括卫星导航、机器操控、数据获取和智能终端等。②农场设备配置付费即用型机载智能系统在国内得到大力推广，信息技术具有优质、廉价的特点。③数据获取和分析功能强大且易于使用，采集器可以自动获取数据并充实农场信息系统，支持决策和报告生成。④各种设备和设施，如手机、拖拉机、喷药机、灌溉机组以及办公室、轿车和仓库等，将实现同步互联，车辆能够自动收集途经地块的作物数据并通过无线传输至办公室进行分析。⑤基于传感器网络获取土壤持水量和更准确的天气预报，实现更精确、均匀、高效、智能的灌溉。⑥变量灌溉系统的应用不断增长，水肥一体化的全营养配置灌溉系统得到广泛应用。

这些智能农机技术的发展将为农业生产带来巨大的改变和提升，不仅能够提高农业生产的效率、准确性和可持续性，促进农业现代化的发展，为农民提供更好的生产工具和管理手段，而且能满足社会对食品安全和环境保护的需求。

四、智慧农业案例

（一）智能精准灌溉

智能精准灌溉，也可以称为智能水肥一体化，借助压力灌溉系统，通过有线网络或无线网、5G 等技术，远程控制电磁阀，将肥液与灌溉水混合后，均匀准确地输送到作物根部土壤中。这种灌溉方式结合了物联网和传感器等技术，实现了对农田生产环境的实时监测，结合农业模型模拟，根据不同作物类型，可按照作物生长的生理生化需求，进行全生育期需求设计，采用精准灌溉施肥技术，把水分和养分定量、定时、按比例直接提供给作物。

水肥一体化智能灌溉通过与灌溉系统的集成与智能化精准控制，达到现代农业生产按需供给、节能环保的目的，同时针对作物特点和需求，个性化供给，提高农作物的品质和产量。水肥一体化系统包含水处理系统、过滤系统、水肥一体化系统、本体感知系统、智能控制系统、环境感知系统等。水肥一体化系统通常包括水源工程、首部枢纽、田间输配水管网系统和灌水器等四部分。根据实际生产中不同的供水条件和灌溉要求，施肥系统可能仅由部分设备组成。

（二）垂直农业/智能温室

智慧农业温室大棚信息展示屏由液晶板拼接而成，用于展示农业大棚内各无线传感器采集的环境数据和现场场景；同时展示屏也是展示智慧农业的一个窗口。

温室大棚无线监测系统实现了对影响农作物生长的环境传感数据实时监控智能调节，采集现场的传感信号包括：空气温湿度、光照、土壤温度、CO_2浓度、土壤水分等，并实时准确地输出指令，智能控制包括大棚风机、微喷灌、滴灌、卷帘机、补光灯、CO_2发生器、CO_2风机等现场设备。同时支持远程无线信息传输功能，可配专用的摄像装置，实现对现场农作物和环境真实状况的呈现。

为了实现温室大棚内的智能检测，还会在温室内配置物联网传感器，传感器包括无线空气温湿度传感器、土壤温湿度传感器、土壤pH传感器、光合有效辐射传感器等。传感器采集的数据经网关转换成信号接入物联网信息平台，超高频RFID读卡器经其配套设备服务器接入物联网信息平台；所有传感器用于采集农业大棚内影响作物生长的空气温湿度、土壤温湿度、土壤pH、光合有效辐射、CO_2浓度等环境数据，以及进出农业大棚人员、物资信息和农作物生长现场的图像，这些数据会经物联网信息平台上传到物联网平台服务器。

知识点

智慧农业：智慧是指分析、判断、创造、思考的能力，是生命所具有的基于生理和心理器官的一种高级创造思维能力，所以智慧农业就是在农业生产各个实践环节在少人、无人的情况下，通过各种技术进行智能感知、自主决策与自动化农事操作等一系列无人化操作，像人或者比人执行完成得更好，并且还能通过自主学习优化改进，减少人力、物力、财力消耗，降低农业生产成本。具体而言，智慧农业是传统农业与现代先进科技的交叉学科，是充分应用现代信息技术成果（例如云计算、边缘计算、大数据、物联网、人工智能、机器学习、深度学习、区块链、计算机视觉等)、生物信息技术成果(转基因、合成生物学、基因编辑、脑科学等)、"3S"技术①、工程装备技术(包括监测光、温、水、气等指标的农业传感器,节水灌溉控制器,农业温湿度数据采集以及监控终端等农业智能测控终端,农业无人机、农产品分拣分级机器人、农产品冷库装卸机器人、授粉机器人、畜舍巡检作业机器人等智能农机装备)、纳米技术(如纳米材料,纳米生物学技术,纳米组装技术等)、生态农业技术(如良性循环多级利用绿色环保技术,立体开发多层利用技术等)等多种最新的绿色环保技术,全面升级改造农业全产业链(包括育种,耕种,养殖,田间管理,采收,储藏,加工,运输,销售等),促进第一、第二、第三产业的交叉融合,是一种新型农业生产模式与综合解决方案,从而较好地应对当前农业生产所面临的环境污染、气候变化、资源短缺、人口激增、农业劳动力骤减等问题与挑战,实现粮食安全、食品安全、生态安全。

典型案例

国内首个生态无人农场"大练兵"

农场主坐在指控中心里喝着茶,轻点屏幕发出指令,田间的农机就按照规划路线自动整地、播种、施肥、打药、收割……这一充满科技感的农业现代化作业场景,也许很快就会变为现实。

这个由山东理工大学与淄博禾丰种业公司合作共建的生态无人农场,经历了两年多的筹备,集合了山东理工大学多个相关重点学科技术骨干组成跨学科大团队。短短3个月,在小麦、玉米种植关键环节的无人化作业上取得了可喜进展,这些技术成果进行了集中演示,无人农机竞相上场秀出十八般武艺。

率先起飞的三架遥感无人机是生态无人农场的"眼睛",可获取作物的全方位信息,为地面农机和植保无人机提供精准作业地图,还可获取小麦多光谱数据,同时实现视频影像、飞机状态参数的实时回传。

轻装上阵的由淄博市农机研究所研发的小型植保机器人轻巧灵活,能

---

① "3S"技术是指GPS(全球定位系统,Global Positioning System)、RS(遥感,Remote Sensing)、GIS(地理信息系统,Geographic Information System)。

在田间自由穿梭。另一款由山东理工大学自主研发的地面智能喷雾植保机器人，能完全实现无人驾驶、自动规划路线、地头自动转弯掉头，可同时喷洒农药和叶面肥。除了地面机械，极飞P30植保无人机可以一键起飞、一键返航、一控多机、全自主飞行。这些智能化的无人植保机械均可以实现人药分离。

无人驾驶农机能够极大地提高农业生产效率，提高作业精准度，将给农业生产带来翻天覆地的变化。生态无人农场团队负责人、法国欧洲科学院院士兰玉彬教授表示，这次演示的无人驾驶技术在国内属领先水平，涉及耕种管收全过程，采用天、空、地一体化技术进行全方位信息采集和处理，已经实现了农机直行、转向、倒车等控制，完成了农田里全无人驾驶的第一步。"我们要做的，是打造一个精准化种植、智能决策、可视化管理和智能化操控的样板，构建可复制、易推广的绿色生态、高效环保的循环生态无人农场新模式。"兰玉彬表示，今后将重点以提升优化农机无人操作为主要方向，构建多机械、多机种协同作业的工作模式，以最大化地解放双手，为解决"谁来种地"问题提供强有力的科技支撑。

资料来源：王腾飞《国内首个生态无人农场"大练兵"》，载《农民日报》2019年6月15日，第5版。此处有删改。

延伸阅读

无人农场是在人不进入农场的情况下，采用物联网、大数据、人工智能、5G、机器人等新一代信息技术，通过对农场设施、装备、机械等远程控制或智能装备与机器人的自主决策、自主作业，完成所有农场生产、管理任务的一种全天候、全过程、全空间的无人化生产作业模式。

中国工程院院士、华南农业大学教授罗锡文认为，无人农场是智慧农业的一种生产方式，是机械化、信息化和智能化高度融合的作品，主要依托生物技术、智能农机和信息技术三大技术的支持。生物技术提供适应机械化作业的品种和栽培模式；智能农机主要提供智能感知、智能导航、精准作业和智能管理；而信息技术则主要为无人农场生产的信息获取、传输和处理与农机的导航、自动作业以及远程运维管理提供支持。

以安徽亳州无人农场为例，项目通过生物技术、智能农机和信息技术的综合应用，建立了高度无人化农场作业管理系统，通过对作物生产过程中的长势和病虫草害情况进行实时监控，进行智能化决策，从而实现耕、种、管、收全程无人化精准作业，大幅降低了劳动力成本，提升作业质量，实现经济效益、社会效益和生态效益有机融合。农场中的每台智能农机上都安装了传感器，可以利用北斗卫星定位和互联网数据传输，远程实时获取农机的信息和数据，从而提前设定好作业路线。无人农场可以实现智能化无人模式耕种管收环节全覆盖，提高经济效益30%以上。

中国工程院院士、国家农业信息化工程技术研究中心主任赵春江在《开讲啦》当中介绍了山东寿光在智能玻璃温室无人化生产方面的经验。"中国寿光型"智能玻璃温室实现了整个基地生产管理的全流程云端托管、智慧程控和远程操控，控制中心收集汇总来自园区内所有机器人的数据信息，并在数据处理后生成指令反馈给其他机器人。当温度过高时，控制中心会下达指令，启动温室的风机系统或外遮阳系统进行降温；如果巡检机器人巡检到叶片的病斑，或需要叶面追肥时，控制中心也会下达相应指令。温室真正实现了"无人操作、智慧生产"，综合能耗比世界领先的荷兰模式降低一半以上。

根据新疆棉花种植相关的新闻报道，新疆的农机使用率达到了97%，智能农机的参与让新疆的棉花生产更加简单高效。春耕时节装有北斗"自动导航辅助驾驶和作业系统"的大马力拖拉机可以根据播种要求与设置好的机具偏移值、作业幅宽等数据，按照规划路线自动驾驶精准无误地铺出笔直且行距均等的棉花地膜；依托卫星遥感技术，可通过"卫星+大数据+人工智能"来实现对不同范围内棉田的长势、旱情、养分等农情信息的实时获取、实时运算、实时反馈，针对性地为水肥调控、病虫防治、脱叶催熟等田间管理提供指导和决策意见；在采收阶段，装有北斗系统终端的采棉机能精准卡位棉垄、高效采收，实现机械对人力的替代。

耕读体验

（一）活动创意

设计中山大学智慧农创园灌溉处方图

（二）活动方案

（1）通过土壤墒情传感器采集土壤含水量数据；

(2) 采集土样通过烘干称重法测定土壤体积含水量；

(3) 阅读文献，获取不同作物不同生长阶段所需灌溉量的信息；

(4) 结合土壤含水量信息、作物种植情况、作物生长情况等，生成不同区域最佳灌溉处方图。

（三）活动考核

(1) 土壤墒情传感器数据准确获取；

(2) 土壤采样实验设计；

(3) 灌溉处方图设计思路及生成结果。

深入思考

1. 当前智慧农业发展面临怎样的机遇和挑战？
2. 国外先进成熟的农业科技是否适用于中国智慧农业发展？

第三节　守护春天——有害生物绿色防控

导语

春天是鲜花盛开、百鸟齐鸣的季节，春天里不应是寂静无声，尤其是在春天的田野。可是并不是人人都会注意到，从某一个时候起，突然地，在春天里就不再听到燕子的呢喃、黄莺的啁啾，田野里变得寂静无声了……

——《寂静的春天》蕾切尔·卡森

学习目标

知识目标：了解农业绿色防控的概念，理解有害生物综合防治的基本原理。

能力目标：掌握农业有害或有益生物辨别技术，识别农业生物多样性现象。

素养目标：树立守护绿水青山的意识，坚持可持续发展的精神。

顾名思义，有害生物是指在一定条件下，对人类的生活、生产甚至生存产生危害的生物，常常导致饲养动物和栽培作物、花卉、苗木受到重大损害。狭义上仅指动物，广义上包括动物、植物、微生物乃至病毒。

很少有人想到，许多有害生物与我们赖以生存的家密切相关，并用"家"及与家密切相关的字眼来命名的！如鼠类中的褐家鼠、小家鼠、黑家鼠，蝇类中的家蝇，蚊类中最常见的库蚊，也称家蚊，我国分布最广的蚂蚁是小黄家蚁，白蚁中见得最多的是家蚁。人类在生存和发展中无意识地为有害生物营造躲避恶劣气候、防止天敌伤害的庇护所，提供充分的食物、水源，使得家庭中的有害生物越来越多，传播疾病，污染环境，成为一群赶不走、躲不开的不速之客。

农业有害生物主要是指对农业植物及产品产生危害的病原微生物、虫、草、鼠，及其他有害生物。除了本地物种，还包含大量的外来入侵物种，这对农业生产造成巨大的危害。据联合国粮农组织统计，世界农作物因病虫危害而造成的损失，粮食作物约为20%、棉花约为30%、果树约为40%；一般杂草导致作物减产10%～15%。为了抵御农业有害生物，人们开始使用收效迅速、方法简便、不受地域性和季节性限制的化学农药进行消杀。截至目前，化学防治在植物病虫害综合防治中仍占有重要地位，在病害大规模发生的紧急时刻，甚至是唯一有效的措施（图4-8为工作人员使用化学手段防治农作物中的有害生物）。

图4-8 工作人员使用化学手段防治农作物中的有害生物

由于化学防治长期使用性质稳定的化学农药，随着有害生物耐药性的不断增强和环境变化，化学农药的使用量和频率不断增加，引发了一系列副作用：化学农药在杀灭害虫的同时，也影响有益微生物，可谓"杀敌一千，自损八百"；因管理不善或使用不当而造成人畜中毒；农药施用量过多、选用不当或者是环境条件制约，都极易导致农作物产生药害。同时，施用农药后，农药通过喷粉、喷雾和熏蒸等进入大自然中，虽然有一些能够通过光照以及微生物分解等而有效降解，但也有一些性质稳定、不可降解的会对生态环境造成污染，而且还会通过食物链进入人体，对人体健康造成潜在的危害。

一、一本书改变了人类历史

大家也许对 DDT 这个名字很陌生。它是一种白色晶体，化学名为双对氯苯基三氯乙烷，曾是全球最常见的有机氯类杀虫剂。那时候，我们管它叫作滴滴涕，或是二二三。

那时候，DDT 因为杀虫效果显著，成本极低，适用范围急剧扩大，人类不但用它提高农作物的产量，还用它杀灭蚊虫，预防疟疾、痢疾，甚至在第二次世界大战中大量使用，以预防传染病。但是 DDT 的危害也在逐渐显现……

美国海洋生物学家蕾切尔·卡森在《寂静的春天》开头中向我们描绘了一个美丽村庄的突变，并从陆地到海洋，从海洋到天空，全方位地揭示了化学农药对人类世界的危害，全书既贯穿着严谨求实的理性科学精神，又充满了敬畏生命的人文情怀，有人认为该书引发的轰动比达尔文的《物种起源》都要大。DDT 会让鸟类无法正常繁殖，会让毒素在整个生物链中传播积累。而最后，DDT 会进入人类的身体……

《寂静的春天》深刻地影响了全世界。1962 年、1963 年，英国上议院多次提到这本书，导致艾氏剂、狄氏剂和七氯等杀虫剂在英国被限制使用。此书还被译成法文、德文、意大利文、丹麦文、瑞典文、挪威文、芬兰文、荷兰文、西班牙文、日本文、冰岛文、葡萄牙文等多种文字，促进这些国家进行环保立法。

最终，由于《寂静的春天》的影响，1972 年 6 月 12 日联合国在斯德哥尔摩召开了"人类环境大会"，各国政府代表团及政府首脑、联合国机构和国际组织代表参加（图4-9）。大会的目的是要促使各国政府和人民注意人类的活动正在破坏自然环境，并对人们的生存和发展造成了严重的威胁；呼吁各国政府和人民为维护和改善人类环境，造福全体人民，造福后代而共同努力。为引导和鼓励全世界人民保护和改善人类环境。参会各国签署了《人类环境宣言》，提出和总结了7个共同观点，26项共同原则，号召各国政府和人民为保护和改善环境而奋斗，它开创了人类社会环境保护事业的新纪元，这是人类环境保护史上的第一座里程碑。同年的第27届联合国大会，把每年的6月5日定为"世界环境日"。

人类历史，因一本书而改变。从此，人们在防治有害生物时，逐步减少对化学农药的依赖，而是将目光转向了依靠害虫天敌，开始探求"以虫治虫"的生物防治等绿色防控手段，人类开始走上和谐可持续发展的道路。

图4-9　1972年6月12日，"人类环境大会"在斯德哥尔摩召开

二、绿色防控能"降服"有害生物吗？

有害生物防治（Pest Control Operation，PCO）的核心是针对有害生物的综合防治，即从有害生物与环境以及社会条件的整体观念出发，强调标本兼治而着重治本以及有效、经济、简便和安全的原则,因地制宜地对有害虫种采用适当的环境治理、化学治理、生物防治或其他科学有效手段,将其群密度控制在不足为害的水平,并争取予以清除,以达到除害灭病或减少骚扰的目的,而并非采用传统的喷喷洒洒、一喷了之的灭害方式。

我国利用生物防治害虫有悠久的历史,晋代嵇含著的《南方草木状》和唐代刘恂著的《岭表录异》都记载了利用一种蚁防治柑橘害虫的事例。19世纪以来,生物防治在世界许多国家有了迅速发展。

有害生物控制或称害虫防治是一项产业,它是针对危害人类健康、骚扰人居环境的有害昆虫和其他动物进行有效控制的服务业。PCO的核心是害虫综合防治,即将害虫及其栖息环境作为一个整体,再考虑到社会条件,综合采用合理的环境治理、物理治理、化学治理、生物治理或其他有效手段,组成一套系统的害虫防治措施,能有效地避免化学农药防治的缺点,达到治本目的。

有害生物绿色防控以生态学原理作为依据,尤其重视对生态系统中有害生物种群动态的研究。按照有害生物与环境因素的相互联系、相互作用的原理,着眼于整个系统的最优结果,协调运用各种可能的防治手段,把有害生物种群控制在一定的水平以下,使之与人类和平共处,维护生态平衡和使生态系统朝着有利于人类的方向发展。

有害生物绿色防控本身是人类的一项经济管理活动,应该遵循经济学的原则。因此,绿色防控综合治理重视经济效益的研究,即防治成本与防治收益之间关系的研究,并以此为根据选择和实施防治措施,以求取最佳的经济效益。绿色防控综合治理重视各种措施的社会效应,充分发挥自然控制因素的作用,把对产品和环境的污染降低到最低限度,以保障人类的健康和安全。

以湖南省为例。2021年,桃源、汉寿的高档优质稻生产基地工作人员通过在田间放置诱捕器,释放气味引诱害虫,分"食诱"和"性诱"两种。"食诱"让稻纵卷叶螟乖乖当俘虏;"性诱"专门引诱二化螟的雄虫,让其掉入"陷阱",这一方法被农民称作"美人计"(图4-10)。

图4-10 二化螟性诱智能测报系统展示区

在桃源县陬市镇,万亩优质稻基地丰收在望。专家现场估算,单产450公斤以上。据县植保站介绍,早稻核心示范区2000亩,平均每亩安装1个诱捕器,灭杀二化螟成虫,早稻减少打药1次至2次,农药使用量减少25%。

全省推广绿色防控技术,从田间水稻向山上果园、菜园、茶园扩展。在桃源县陬市镇的小马山,橘园挂上"迷向丝",钝化、迷惑害虫的嗅觉、干扰、阻碍其交配,有效减轻了柑橘虫害的发生。汉寿以围堤湖蔬菜基地为核心,示范推广"粘虫板+性诱剂"绿色防控技术,打造粤港澳大湾区"菜篮子"生产基地,平均亩产值逾1.5万元。

广州艾米会生态农业科技有限公司以人才和科技为第一生产力,与华为技术有限公司、中国电信集团有限公司、中山大学、仲恺农业工程学院建立业务和科研合作。积极践行"藏粮于地、藏粮于技"的国家战略,以生态和科技为农业赋能,为现代农业提供创新模式。坚持不用化学农药、不用化肥、不用除草剂,种植生态艾米,建立了生态水稻种植标准化操作流程,实现了从育种、种植、存储、加工到产品定制配送的全产业链品质控制。该集团在全国进行布局,在东北、华东、华南建立了自有种植基地,所种植的产品获得广东名米和广东省名牌产品的称号(图4-11)。

第四章 农耕体验：耕读实践探索

图 4-11　广州艾米稻香小镇景观

三、绿色防控技术的应用和拓展

（一）有害生物防治面临的难题与挑战

我国是世界上最大的农业生产国，近年来在有害生物防治方面面临三大难题：一是在全球气候变化、生物入侵和农业生物多样性降低的背景下，如何减少有害生物造成的农作物产量损失；二是入侵生物对我国农业可持续发展构成了严重威胁，因此研发监测和控制入侵性有害生物（如令人谈之色变的草地贪夜蛾）的技术和方法迫在眉睫；三是过度使用剧毒农药对生态环境和生物多样性造成了相当大的破坏，这也是造成病虫害高发和多发的众多因素之一。

此外，了解作物虫害和植物病害之间的互作关系是农业面临的另一个关键挑战，约80%的植物病毒可通过蚜虫、烟粉虱等农业害虫进行传播。为有效解决作物病虫暴发危害、保护生态环境和粮食安全等问题，研发和使用病虫害绿色防控的方法成为农业可持续发展的关键。

（二）绿色防控的常用措施

为了保护作物、防止作物害虫的暴发，使用先进的监测技术和早期预警系统是第一步。利用科学手段监测和早期预警可以为合理的虫害管理提供科学的决策，因此实时监测和早期预警是实现农业可持续发展植物保护战略的重要基础。

田间管理是传统的有害生物防控技术，如休耕、轮作、间作和覆盖栽培等。

农药的利用是最普遍的有害生物防控方法，生物农药（包括生物化学农药、微生物农药和转基因植物农药）因对非靶标生物毒性低、对有害生物的防控效果好，被认为是有应用前景的理想型农药。生物化学农药是源于动物、植物和微生物的天然存在的物质，微生物农药是一类高效、高特异性的绿色生物农药，主要活性成分是细菌、真菌、病毒或原生动物。其中，苏云金芽孢杆菌等微生物农药已在全世界广泛商业化应用（图4-12）。

图4-12 苏云金芽孢杆菌适用作物

四、绿色防控的前景展望

"十三五"期间，我国绿色农业首先实现了由理念到行动的转变，制度保障也得到进一步加强；绿色产品和技术效益显著，研发了一批绿色防控新技术产品，集成了一批绿色防控技术模式，抗病品种迅速发展，研制出大批高效、低毒、低残留的新型农药，新型施药器械得到大面积推广和应用，自动化监测预警技术日趋成熟，绿色防控应用基地示范成效显著，绿色防控更加规范，防控覆盖率逐年上升；重大病虫害理论研究取得重要突破，植物免疫系统认识得到扩展，蝗虫聚群成灾的奥秘被发现，害虫迁飞监测预警技术瓶颈得到突破，抗病基因的克隆及抗性机理得到深入解析，植物与病原菌互作的"诱饵模式"被揭示，植物抗病小体被发现，基因编辑得到深入研究，多种综合防控技术体系在生产上被成功应用。

随着生物技术在农业领域的发展，诸如基因编辑等提高植物抗病虫能力的植物保护新方法越来越丰富。人们可以直接以昆虫、病原微生物生长和发育所必需的基因为靶标来控制有害生物，例如昆虫不育和 RNA 抗病虫技术。此外，一些基因家族虽然不会直接影响有害生物的生长和发育，但是它们可以通过影响植物代谢、阻断病原物传播途径等方式间接地参与作物抗病虫的过程，这些基因家族也是很好的有害生物防控靶标。因此，理解植物—昆虫—物之间的互作关系，发现其中相关的重要基因，应该是当前和未来的研究重点。

知识点

有害生物综合防治

有害生物综合防治指根据生态学和经济学的原理，选取最优的技术组配方案，把有害生物的种群数量比较长期地稳定在经济损害水平以下，以获得最佳的经济效益、生态效益和社会效益。

外来物种与入侵物种：

外来物种与入侵物种是密切联系的两个概念。任何生物物种，总是先形成于某一特定地点，随后通过迁移或引入，逐渐适应迁移地或引入地的自然生存环境并逐渐扩大其生存范围，这一过程即被称为外来物种的引进（简称引种）。

合理的引种会使引种地区生物的多样性更加丰富，也能极大地丰富人们的物质生活。例如美国于 20 世纪初从中国引种大豆，美国大豆种植面积从 6000 多万亩增加到 4 亿多亩，美国已经成为世界上最大的大豆生产国、出口国。对于我国而言，公元前126年张骞出使西域返回后，苜蓿、葡萄、蚕豆、胡萝卜、豌豆、石榴、核桃等物种便开始源源不断地沿着丝绸之路被引进中原地区，中国历史揭开了引进外来物种的一页，而玉米、花生、甘薯、马铃薯、芒果、槟榔、无花果、番木瓜、夹竹桃、油棕、桉树等物种也非中国原产。

不过，引种不当则会使得缺乏自然天敌的外来物种迅速失控繁殖，并抢夺其他生物的生存空间，导致严重的生态失衡及其他本地物种的减少甚至灭绝，还可能危及一国的生态安全。此种意义上的物种引进即为"外来物种的入侵"。由此，这种对当地生态环境造成严重危害的外来物种即为入侵物种（invasive species）。

入侵物种的概念不同于外来物种，它特指有害的外来物种，如凤眼莲、松材线虫、大米草等，其范畴小于外来物种；而外来物种入侵也不同于外来物种引进，它特指入侵种经自然或人为的途径，从原生地传播到入侵地，并损害入侵地的生物多样性和生态系统，甚至危及人类健康，并造成经济损失及生存灾难的过程。

典型案例

生物防治，造福人类

在我国的昆虫学界，有这样一位学者。他从不只埋首纸堆搞研究，而是常常去一线，时时下稻田。他率先推广和应用"以虫治虫，以菌治虫"，他创建了水稻病虫害综合防治基地。他是勇于探索生物学科前沿的开拓者，他是桃李满园的教育家。他就是被誉为"华南生物防治之父"的蒲蛰龙，他将一生奉献给了害虫防治研究事业。

当时，我国农业生产技术落后，自小生活在贫穷农村的蒲蛰龙便立志发展我国农业生产技术，改变农业落后现状。1931年，蒲蛰龙考入国立中山大学农学系，他将昆虫学科作为自己的主攻方向（图4-13为就读于国立中山大学农学院的蒲蛰龙）。在就读国立中山大学期间，针对广东各地区松林的大面积松毛虫害的情况，他亲自前往林区找松毛虫喂养。为了解松毛虫的形态结构、生活规律和生命过程，探究防治松毛虫的有效方法，蒲蛰龙潜心观察、研究，即便实验设备简陋，他也未曾退缩（图4-14）。

1935年，他发表毕业论文《松毛虫形态、解剖、组织及生活史的研究》，获得了中山大学农学院颁发的"毕业论文奖"和"优秀成绩奖"。迄今为止，该篇论文依旧在松毛虫防治研究工作中发挥着重要作用，是我国论述防治松毛虫理论依据的重要文献。同年，他考入燕京大学研究院生物学部。

图4-13　就读于国立中山大学农学院的蒲蛰龙

图4-14　蒲蛰龙在国立中山大学农学院简易的养虫棚里饲养松毛虫

1937年，蒲蛰龙回到中山大学任教。为增强对昆虫学的认识，提高昆虫学研究的能力，他决定再次踏上求学之路。1946年，他获得美国国务院奖学金，赴美国明尼苏达大学攻读博士学位，同时进行科学研究工作。1949年，新中国成立，获取了明尼苏达大学哲学博士学位的蒲蛰龙携夫人利翠英教授归国，继续为祖国的昆虫生物防治事业而奋斗。

"以虫治虫""以菌治虫"

1958年，蒲蛰龙在广东顺德县建立了我国首个赤眼蜂站。20世纪50年代末至60年代末，蒲蛰龙潜心研究赤眼蜂（图4-15）防治甘蔗螟虫的技术，该项技术得到了大面积的推广和应用，获得了国际同行的高度赞同，被誉为"中国独创"。同时，他还首次发现蓖麻蚕卵可作为繁殖赤眼蜂的优良寄主。

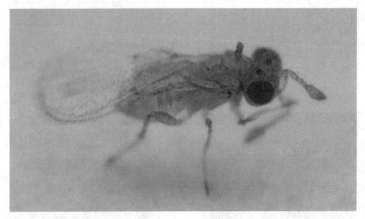

图 4-15　赤眼蜂

在兼任中国科学院中南昆虫研究所所长期间，蒲蛰龙组织研究人员开展了平腹小蜂防治荔枝蝽象的研究，研究成果在从化等广州市郊区得到推广应用。此外，他还在湘西黔阳地区做柞蚕放养等科学实验，并对危害粮、棉、蔬菜的斜纹夜蛾的核多角体病毒开展系统研究。针对吹绵蚧对木麻黄防风林的危害，他从苏联引进澳洲瓢虫和孟氏隐唇瓢虫，获得了良好的成效。作为我国将"以虫治虫"从实验室推广应用到大田生产中的第一人，蒲蛰龙总结和改良了古时"以虫治虫"的方法，利用黄猄蚁防治柑橘害虫，为解决我国农业生产出现的实际问题作出了贡献。

通过"以虫治虫"，促进生态平衡的绿色发展，这是蒲蛰龙开展昆虫生物防治研究的初心和强项。在"以菌治虫"领域，他也有自己的独特见解。早在20世纪40年代，蒲蛰龙就开始关注微生物治虫技术。他查阅了大量利用微生物防治害虫的资料，开展了对昆虫立克次氏体及昆虫疾病的理论和应用技术的研究。通过在电子显微镜下的长期观察，他了解了昆虫病毒的形态和结构，他多次下田实验，利用松毛虫质型多角体病毒防治马尾松毛虫。

1962年，蒲蛰龙创立中山大学昆虫生态研究室。20世纪70年代，他前往肇庆市四会市大沙县开展水稻害虫生物综合防治试验，他亲自下田，为农业干部、农民技术员讲课。1978年，他创建中山大学昆虫学研究所。在20世纪80年代初，蒲蛰龙被聘为广东省防治松突圆蚧技术顾问组副组长，他提出要引进天敌进行生物防治的策略，通过引进花角蚜小蜂，控制了当时被称为"森林大火"的松突圆蚧带来的危害。经过近30年的努力,他主持的"以生物防治为主的水稻害虫综合防治"项目完成,该项目在1985年荣获国家科技进步奖三等奖。

1980年,蒲蛰龙当选中国科学院生物学部委员(院士),提出了以发挥天敌作用为主的害虫综合防治策略,引起了国内外学者的高度关注。

他将一生献给了生物防治研究,先后在国内外学术刊物发表学术论文近200篇,主编了《害虫生物防治的原理与方法》《昆虫病理学》等多部专著。1991年,美国《有害生物综合防治》杂志评价蒲蛰龙院士为"南中国生物防治之父"。(图4-16为蒲蛰龙院士在指导学生)

图4-16 蒲蛰龙院士在指导学生

"蛰"本指动物冬眠。《说文解字》言:"蛰,藏也。"人如其名,终其一生,蒲蛰龙教授"深耕"于农田,"蛰伏"于民间。"蛰龙"即蒲蛰龙一生之写照。其朴素的名字扎根于大地,真实地镌刻在农民心中,永远被后人铭记!

延伸阅读

农作物病虫害防治是重要的防灾减灾措施,为保障国家粮食安全和农业生产安全发挥了不可替代的重要作用。过去我国病虫害防治手段单一,主要依赖化学农药防治，影响生态环境安全，而且导致病虫害抗药性上升、生物多样性下降、防治效果降低，引起社会广泛关注。

为解决过度依赖化学农药防治问题，2006年以来，我国提出了"公共植保、绿色植保"新理念，开启了农作物病虫害绿色防控的新征程。2011年，农业部印发《关于推进农作物病虫害绿色防控的意见》，随后将绿色防控作为推进现代植保体系建设、实施农药和化肥"双减行动"的重要内容。党的十八届五中全会提出了绿色发展新理念，2017年，中共中央办公厅、国务院办公厅印发《关于创新体制机制推进农业绿色发展的意见》，提出要强化病虫害全程绿色防控，有力推动绿色防控技术的应用。2019年，农业农村部、国家发展改革委、财政部等7部（委、局）联合印发《国家质量兴农战略规划（2018—2022年）》，提出实施绿色防控替代化学防治行动，建设绿色防控示范县，推动整县推进绿色防控工作。在新发展理念和一系列政策的推动下，农作物病虫害绿色防控技术示范和推广面积不断扩大，到2019年底，我国绿色防控应用面积超过8亿亩，绿色防控技术覆盖率超过37%，为促进农业绿色高质量发展发挥了重要作用。

资料来源：康振生《贯彻绿色发展新理念　谱写绿色防控新篇章》，见澎湃新闻网（https://m.thepaper.cn/baijiahao_6862731）。此处有删改。

耕读体验

（一）活动创意

1. 主题
中山大学农学院深圳市光明区利雅湾实验基地节肢动物多样性调查

2. 意义
既要金山银山，也要绿水青山。

3. 目标
保护生物多样性，坚持绿色发展，可持续发展。

（二）活动方案

五一劳动节期间，在中山大学农学院深圳市光明区利雅湾实验基地，通过趣味活动，带领大家捕捉、收集并识别不同的节肢动物，辨别哪些是对人类有益的，哪些是对人类有害的。

（三）活动考核

在既定的时间内，分小组在利雅湾实验基地收集 10 种以上不同种的节肢动物，并通过网络查询等方式，简单描述其中 3 种以上的特性。

深入思考

1. 你所了解和接触到的农业绿色防控的产品或技术有哪些？
2. 中国地大物博，从南至北，从东到西，幅员辽阔。你的家乡在哪里？根据你家乡的实际情况，为你家乡农业发展提出 1 至 2 条有害生物绿色防控的建议。

第四节　生物农业

导　语

推进农业农村绿色发展。加强农业面源污染综合治理，深入推进农业投入品减量化，加强畜禽粪污资源化利用。

——2022 年"中央一号文件"《中共中央　国务院关于做好2022 年全面推进乡村振兴重点工作的意见》

学习目标

知识目标：了解生物有机肥概念，理解有益根际微生物的作用原理。

能力目标：掌握有益微生物筛选与应用技术，识别土壤肥效增强现象。

素养目标：树立生态农业意识，涵养技术创新精神。

肥料是植物生长的关键营养来源，施肥是农业中确保作物高产、稳产不可或缺的重要措施。我国化肥的生产和消费量在全球位列第一，施用化肥确实在一定时间和程度上提高了作物的产量。然而，过度依赖化肥，忽视有机肥的施用,导致土壤中有机质含量下降,土壤肥力逐渐降低,这已经成为我国农业持续发展和农作物稳产、高产的重要制约因素。据统计,我国约80%的农用地缺氮,50%缺磷,30%缺钾,有机质不足1%的土壤占到80%。因此,大力推广生物有机肥是今后实现农业可持续发展的必然途径。

自"十二五"以来,作为生物农业战略性新兴产业,生物有机肥成为未来农业的重要组成部分。在国家绿色农业发展和乡村振兴计划等战略中,生物有机肥被列为绿色新型投入品和优先支持发展的生物制品。

为了推动生物有机肥的应用与发展,我国近年来制定了一系列行动计划。其中,生物有机肥已被列入《"十四五"生物经济发展规划》中的"农用生物制品发展行动计划"。同时,《到2020年化肥使用量零增长行动方案》明确了"有机肥替代化肥"的技术路径,并提出相关举措,以实现农药化肥零增长的目标。这些政策支持为产业的培育和壮大提供了前所未有的机遇,促使我国生物有机肥产业迎来了快速发展的黄金时期。

一、生物有机肥何以受青睐?

生物有机肥受到国家和行业层面的高度重视,被认为是绿色生态农业发展不可替代的制胜法宝之一,主要有以下两个方面的原因。

第一,由于我国人多地少的特殊国情,人均耕地资源短缺,导致耕地的复种指数高,耕地长期处于只用不养的状态,严重威胁耕地的持续生产能力,亟待通过安全高效、绿色可持续的渠道补充养分。

第二,我国是全球化肥生产和消费的领军者,然而在农业生产过程中,化肥的过度使用和严重的流失现象导致利用率低下。这使得有毒有害物质在环境中大量积累,引发了一系列负面影响。例如,土壤的物理结构不协调,土壤酸化现象加剧,有机质含量下降,土壤功能微生物失衡,土壤肥力下降。此外,作物的病害频发、地下水受到污染、农产品中重金属和硝酸盐含量超标等问题也相继出现。

面对国家生态保护战略的要求和人民美好健康生活的需要,唯有技术创新,才是农资产品的正道。无论从哪个角度来分析,农资产品都必须达到以下两个目标:一是帮助农业农民增产增收;二是促进农业生态环境可持续发展。前者是生存需要,后者是发展需要,只有创新技术,才能从根本上实现这两个目标。

比如肥料行业,在技术创新的大背景下,液态肥、有机肥、绿色磷复肥、多功能肥料等新品类层出不穷,既推动了行业的发展,也满足市场的需要。尤其是生物有机肥,兼顾高效与环保、可持续发展等特性,受到政策与行业的聚焦,也引发先正达、芭田股份等肥料巨头重磅布局。

二、什么是生物有机肥?

目前,用于农业生产的土壤肥料主要有化肥、有机肥、微生物菌剂及生物有机肥等。其中,生物有机肥(microbial organic fertilizers)是一种新型肥料,由具有特定功能的微生物与有机物料混合而成。这些有机物料通常是经过无害化处理和腐熟的动植物残体,如畜禽粪便、农作物秸秆等。这些肥料中含有至少45%的有机质,2.5%以上的氮素和2%以上的磷素,而且还包含多种微量元素。生物有机肥可以促进土壤中残留元素的吸收,同时也是极好的土壤改良剂。如果能够添加有益菌来消灭有害菌,就可以进一步减轻作物病害,使有机肥料更加完善。

生物有机肥与有机肥、微生物菌剂等均体现了生态农业的理念,在现代农业生产中受到越来越多的关注。有机肥、微生物菌剂及生物有机肥一般都是作为底肥施用,但其功能侧重各有不同。有机肥侧重增加土壤有机质,改善土壤肥力。微生物菌剂主要依赖微生物的生理代谢活动,促进土壤中有机肥、化肥、矿物质养分的释放,利用微生物次生代谢物中的氨基酸、激素等物质,可以有效地改善作物的品质,提高作物对病虫害的抗性,同时还可以抑制土壤中有害菌的生长,调节土壤理化性质。而生物有机肥则是一种新型有效、安全的复合肥,同时含有功能微生物和一定量的有机质及营养物质,能够提高作物吸收土壤养分的能力,增加作物的新陈代谢,从而提高作物产量,在绿色农业和有机农业中得到广泛应用。

三、生物有机肥的三大利器

生物有机肥通过以下三个主要途径发挥作用。

(一)发酵菌和功能菌

一般生物肥料中含有有益微生物,如酵母菌、乳酸菌、纤维素分解菌等,而生物有机肥中还可能含有一些根际促生菌等功能微生物,如固氮菌、解钾菌、溶磷菌和光合细菌等，它们具有溶磷、固氮、增钾等作用，还能抑制植物根际病原菌，改善土壤微生态环境。例如，光合细菌可以改变土壤中的微生物群落，固氮细菌可以提高土壤的生物固氮能力，土壤固氮细菌、放线菌、根瘤菌可以减少土壤中的丝状真菌。此外，由功能微生物分泌的生长促进剂可以增加土壤中细菌的含量，抑制放线菌的增殖，从而有助于控制由丝状真菌引起的植物病害。

（二）生理活性物质

生物有机肥中的功能微生物可以通过利用植物根系分泌物和分泌生长促进剂来刺激植物生长，植物分泌物主要有色氨酸和其他小分子，植物激素主要包括生长素、赤霉素、细胞分裂素和植物激素类似物。生长素还可以诱导 ACC 合酶（1-aminocyclopropane-1-carboxylate synthase）的转录，从而催化 ACC 的形成。ACC 是乙烯的直接前体，通过 ACC 脱氨酶被细菌代谢，从而改善非生物胁迫。植物相关微生物产生的一系列酶可以消除活性氧，从而最大限度地减少植物诱导的胁迫。腐殖酸能与磷肥形成络合物，既能防止土壤对磷的固定，又易被植物吸收，而且也能活化土壤中的无效磷。堆肥过程中有机物分解产生的草酸、酒石酸、乳酸、苹果酸、乙酸、柠檬酸、琥珀酸等有机酸与植物根系分泌的有机酸很相似，它们对难溶磷具有较强的活化作用。另外，生物有机肥中含有的抗生素类物质有助于提高作物的抗病能力。

（三）无机有机养分

生物有机肥是在微生物的作用下通过生化过程生产出来的，含有糖、氨基酸、腐殖酸、蛋白质、脂肪等有机营养成分，还含有大量作物所需的中、微量元素。因此，与化学过程生产的化肥相比，生物有机肥具有不偏肥、不缺素、供应稳定和长效的特点。

四、生物有机肥的比较优势

目前，生物有机肥随着推广使用的逐步拓展，逐渐显现出与其他肥料相比得天独厚的优势。

(一) 与化肥相比：生物有机肥营养全面，呵护环境

1. 营养全面，一肥多效

生物有机肥含有植物生长所需的各种大量营养元素、微量元素、糖类和脂肪等。研究表明，猪的粪便中含有全氮2.91%、全磷1.33%、全钾1.0%，有机质77%。畜禽粪便中含硼21.7～24 mg/kg，锌29～290 mg/kg，锰143～261 mg/kg，钼3.0～4.2 mg/kg，有效铁29～290 mg/kg；而化肥只有一种或少量几种营养元素。

2. 改善土壤，聚水聚肥

土壤肥力涉及土壤的生物、物理和化学性质，对植物养分的有效性有直接或间接的调控作用，进而显著影响农业生产的结构、布局和效益。生物有机肥能够改良土壤，增加土壤有机质含量，从而培肥地力。生物有机肥可以增加土壤中有机胶体，其中微生物可以把许多有机物分解转化成有机胶体，从而增加土壤吸附表面积，同时把土壤颗粒胶结起来形成稳定的团粒结构，使土壤保水、保肥和透气能力得到提升，此外还可以调节土壤温度。化肥由化学肥料单配或复配而成，长期不合理施用会破坏土壤结构，造成土壤地力下降，生态环境失衡。

3. 增加作物产量，提高农产品品质

生物有机肥富含植物生长发育所需的大、中、微量元素，保证了作物整个发育期的正常生长。同时富含有机质，能有效钝化重金属，降低重金属的毒性。生物有机肥与化肥复配是实现高产稳产的重要途径，可以有效改善过度施用化肥导致的农产品质量下降问题，提高农产品质量，产出绿色食品。

4. 改善根际微环境，提高抗病抗逆性

生物有机肥可以直接或间接地调节作物根际微生物群落结构。由于其中含有大量的植物有益菌，不仅可以拮抗土壤中的病原微生物，而且可以产生植物生长所需的激素物质，刺激植物生长，诱导植物抗性。化肥则会减少作物根际微生物的多样性，从而增加作物遭受病虫害的风险。

5. 提高肥料利用率

生物有机肥中的微生物可以分泌有机酸性物质，从而溶解土壤中难溶性的矿物质，如磷、钾等。某些固氮菌还可以增加土壤氮元素含量。此外，生物有机肥还能提供有机胶体。化肥单独使用易造成养分流失、影响

植物的吸收利用。

（二）与商品有机肥相比：生物有机肥富有活性，消减异味

商品有机肥是以人畜粪便、动植物残体、生活垃圾等富含有机质的固体废弃物为主要原料，并添加一定量的其他辅料（如风化煤、草炭、药渣、菌菇渣等）和一些发酵菌剂，通过工厂化方式加工而成的。与其相比，生物有机肥具有以下优势。

1. 富有活性

生物有机肥中添加了有益菌，对土壤病原菌有拮抗作用，能够减少病害发生；商品有机肥生产过程中经过高温烘干处理，将肥料中全部微生物杀死，导致养分损失。

2. 消减异味

经除臭后，生物有机肥气味淡，几乎无臭；商品有机肥未除臭或除臭不彻底，复湿恶臭。

（三）与微生物菌肥相比：生物有机肥价格低，活性强，易生效

1. 价格低

生物菌肥价格高昂，每吨高达上万元；相比之下生物有机肥价格便宜，其价格因所加菌种和有机质来源而不同。

2. 活性强

生物菌肥主要依赖功能菌来促进土壤对固定肥料的利用，并调节作物的生长发育。而生物有机肥除含有功能菌外，还富含有机质，这有助于改善土壤质量，并促进被土壤固定的养分释放。

3. 易生效

生物菌肥中的功能菌在不同土壤环境中的稳定性因情况而异，其存活率可能较低。然而，生物有机肥中的有机质为功能菌提供了良好的生存环境，使得功能菌在施入土壤后更容易存活。

五、生物有机肥的发展之路

当前，全球各国都在努力推动农业可持续发展，并加大了对生物有机

肥的开发、生产和应用力度。尽管我国的生物有机肥产业已经取得了一定的进展,但仍有很多不足之处需要进一步改进。为了推动我国生物有机肥产业的未来发展,以下三个方面值得我们持续关注和努力。

(一) 提高产品质量

我们主要从选育有益菌种、优化生产工艺和开发新产品等方面开展相关工作。在菌种选育上,我们需要加大力度开发具有转化土壤养分、促进根系生长、防控土传病害、消减与钝化根际有毒有害物质等特定功能的农业微生物菌种资源,并且还应根据这些微生物的特长进行合理的组合,从而构建高效稳定的多功能菌群。此外,为了确保产品在加工、运输、储存等环节保持较高的生物活性,我们应该加强对抗逆性强的芽孢杆菌的应用。

在优化生产工艺方面,我们需要针对不同的固体有机废物堆肥资源化利用技术和工艺进行开发,并根据不同来源的废弃物构建与之配套的工艺和技术,以满足有机废物资源化利用行业不断变化的需求。同时,还需要对工艺参数进行优化,在确保产品质量的前提下,缩短生产周期并降低生产成本。

在新产品开发方面,我们应该结合生产实际情况,加大创新力度。早在2014年,我国生物有机肥领域的权威专家沈其荣院士就提出未来应加强对全元生物有机肥的研发和生产力度。全元生物有机肥是含有无机养分、功能菌和有机质3种养分的肥料,集有机肥、化肥(包括速效化肥、控缓释化肥、稳定性化肥)、生物肥为一体的新型生物有机肥料。它在给当季作物提供足够的养分的同时,还能给土壤添加有益菌和有机质,改良土壤中的微生物区系,将病害土壤逐渐转变成健康甚至抑病型土壤,将养分转换慢的土壤逐渐转变成养分转化快的土壤。未来还需加强对复配技术与工艺的研发,研发出适合不同土壤、不同作物和不同气候条件的新型全元生物有机肥料产品。

(二) 规范产品管理

生物有机肥的生产对技术要求较高,第一环节是要在腐熟过程中加入生物菌剂以促进有机物料腐熟、分解并实现定向腐熟、除臭等目的,第二环节是要在产品中加入具有特定功能的微生物或者组合,以提升产品防病促生等效果。目前,为促进有机肥的健康发展,我国已将生物有机肥纳入微生物肥料范畴进行管理,实施的管理措施比有机肥更为严格。

目前市场上的生物有机肥产品,品种繁多,包装多样,因没有统一的标准而导致质量良莠不齐。相关行业管理部门应加强检测和监管,打击假冒伪劣行为。

(三)加大推广力度

生物有机肥在改善农产品品质方面发挥着不可替代的作用,但由于对优质的农产品并没有完全做到优质优价,目前生产和销售还存在一定困难,在一定程度上影响了种植户的积极性,使得生物有机肥的推广遇到阻碍。因此,要从政府、企业和农业技术部门等多个层面加强对生物有机肥的宣传,通过示范、讲解、现场指导等方式,将生物有机肥的应用效果展示给农民,使他们真正了解生物有机肥的经济效益和生态效益,切实提高他们使用生物有机肥的意愿和积极性。

近年来,在一些生态示范区、绿色和有机农产品基地,生物有机肥已经得到了较为广泛的应用,这可能成为生物有机肥发展的主要方向。比如,2021年9月,武大绿洲生物技术有限公司林春鸿董事长在中山大学农学院"中国农民丰收节"庆祝大会上交流的生物有机肥发展理念。在未来,随着绿色有机农产品生产的增加和人们消费水平的提高,生物有机肥的生产应用必然成为主流。

典型案例

沈其荣院士:科学的初心从土壤中生长

2021年11月18日上午,2021年两院院士增选结果公布的时候,新当选的中国工程院院士、南京农业大学资源与环境科学学院沈其荣教授正在该校白马教学科研实验基地,手把手地带领团队做果树的秋季基肥施用(图4-17)。

"提高土壤肥力是提升作物产量、品质、口感的关键,这也是40年来我们团队科研探索坚持的初心。"沈其荣告诉《中国科学报》记者,他们研发的这种肥料,一方面让土壤中现有的好的微生物生长得更快,另外一方面想办法引进土壤中缺乏的其他好的微生物,让它们进入土壤后能够"如鱼得水",全身心地投入培肥土壤的"工作"。

"一生'粪'斗",这是沈其荣对其科研故事的风趣概括。在他看来,土壤肥力是作物生产的基础,也是一个国家或地区经济发展的命脉。在师生和同行眼中,沈其荣是个不折不扣的"魔法教授",因为他的工作就是将农田秸秆和畜禽粪便等变废为宝,用来调控土壤的微生物区系,一头破解了长期困扰农业生产的环境污染,另一头又能显著增强土壤肥力和农业的可持续发展。沈其荣常对团队里的年轻人讲:"我们的研究就是围绕'有用'和'有理'。'有用'是指科研要围绕国家和社会所需,切实破解农业生产上的难题、持续改善土壤、生态和环境;'有理'就是探究背后的科学问题,揭示为什么有用的机制、机理。"

在沈其荣看来,"一个PhD[①]就应该用哲学思维去看待和分析自然界的事物,也就是凡事都能一分为二地辩证看待,当然,如果也能用这样的思维去面对社会和人生,那就更能释放自己,活得更加从容、开阔"。

图4-17 南京农业大学资源与环境科学学院沈其荣教授(受访者供图)

"当选院士是新的起点,很好地激励与鞭策。"沈其荣说,他正带领团队续写"土肥"故事。在他看来,真正的科研是靠兴趣和爱好来驱动的,真正的科学家是为了揭示自然界的奥秘,并将这种理论再转化成改造自然界的技术或产品。农业资源与环境学科不仅要关注食物足量和安全生

---

① PhD:Doctor of Philosophy,意为哲学博士。

产,更要研究和开发土壤资源可持续利用和水土环境保护的技术与机制。

资料来源:李晨、许天颖《沈其荣院士:科学的初心从土壤中生长》,见科学网(https://news.sciencenet.cn/htmlnews/2021/11/469314.shtm)。此处有删改。

延伸阅读

核心提示:随着传统化肥的价格飙升,生物肥料在农民和投资者中越来越受欢迎,他们认为这是一种替代化肥的更便宜的选择。

化肥涨价令生物肥料受青睐

参考消息网5月2日报道 据美国《华尔街日报》网站4月30日报道,一些销售替代化肥的初创公司说,随着传统化肥的价格飙升,替代肥料在美国农民和投资者中越来越受欢迎,他们自认为这是一种替代化肥的更便宜的选择。

像皮沃特生物公司、库拉生物公司和阿努维亚公司,正在推动开发的农用肥料是利用微生物或植物产品来向玉米和其他作物提供所需的肥料。他们计划用这种肥料取代使用天然气和矿产品为原料生产的传统化肥。由于供应链紧张,今年的化肥价格创下新高。

虽然一些农民对于用新近出现的替代肥料取代经过检验证明非常可靠的化肥持怀疑态度,但一些初创公司的高管和投资者说,传统的氮肥、钾肥和磷肥价格不断上涨,使农民有了更多尝试使用新产品的积极性。据艾格投资平台公司说,这些初创公司自去年初以来已吸引了大约10亿美元资金。他们称其产品比传统化肥更环保。

报道说,艾奥瓦州阿沃卡的第五代农场主丹·汉森说,他使用皮沃特生物公司生产的微生物肥料替代传统化肥确实省钱。几年来,汉森一直在用皮沃特公司的产品给他的土地施肥。他说,这几年里,他将氮肥的使用量减少了约25%,而他的玉米产量却提高了。氮肥的价格很高,约为每磅(约合0.45千克)90美分,而皮沃特公司的产品的价格约为每磅60美分,这可能会促使更多持怀疑态度的农民转向皮沃特等公司提供的新产品。

肥料成本是种植户每年最大的开支之一,由于供应紧张,今年早些时候农作物种植者的成本增加了两倍。在俄罗斯(世界最大的化肥出口国之一）因俄乌战争而遭受制裁后，来自俄罗斯的供应量下降，化肥价格变得更高。与此同时，天然气（俄罗斯的另一种出口产品，也是生产化肥的重要原料）的价格飞涨，也导致欧洲化肥厂削减产量。

资料来源：《化肥涨价令生物肥料受青睐》，见腾讯网（https://new.qq.com/rain/a/20220502A06FUK00）。此处有删改。

耕读体验

微生物肥料田间试验技术方案

1. 目的与意义

掌握微生物肥料田间施用技术，以及作物产量的简单评价标准和方法，以生态环保的视角培养学生进行绿色健康的植物生产的意识。

2. 试验设计与步骤

环节一：试验准备

（1）试验地选择：选择应具有代表性，地势平坦，土壤肥料均匀，前茬作物一致，浇排水条件良好。避开道路、堆肥场所、水沟、水塘、溢流、高大建筑物及树木遮阴等特殊地块。

（2）试验地处理：①整地、设置保护行、试验地区划（小区、重复间尽量保持一致）；②小区单灌单排，避免串灌串排；

（3）供试肥料准备：按实验设计准备所需的试验肥料样品，供试肥料经检验合格后方可使用。

（4）供试基质准备：将供试的微生物肥料样品，经一定剂量 ^{60}Co 照射或微波等方式灭菌后，随机取样进行无菌检验（见附录A），确认样品达到灭菌要求后，留存该样品做基质试验。

（5）试验作物品种选择：应选择当地主栽作物品种或推广品种。

环节二：试验实施

按表4-5执行，并做好田间管理、记录、分析和计产等工作。不同类型微生物肥料（有机物料腐熟剂除外）的田间试验设计应当符合表4-5要求。

(1) 田间管理及试验记录：各项处理的管理措施应一致，并进行试验记录：

第一，供试作物名称、品种；

第二，试验地点、试验时间、方法设计、小区面积、小区排列、重复次数（采用图标的形式）；

第三，试验地地形、土壤质地、土壤类型、前茬作物种类；

第四，施肥时间、方法、数量及次数等；

第五，试验期间的降水量及灌水量；

第六，病虫害防治情况及其他农事活动等；

第七，作物的生长状况田间调查，包括出苗率、移苗成活率、长势、生育期及病虫发生情况等。

(2) 收获和计产，主要包括以下环节及注意事项：先收保护行；每个小区单收、单打、单计产；分次收获的作物，应分次计产，最后累加；室内考种样本应按试验要求采样，并系好标签，记录小区号、处理名称、取样日期、采样人等。

(3) 作物品质和抗逆性等记录：根据试验要求，记录供试肥料对农产品品质及抗逆性等的影响。

3. 效果评价

(1) 产量效果评价：试验结果的统计分析按《肥料效应鉴定田间试验技术规程》（NY/T 497—2002）执行；进行供试微生物肥料处理与其他各处理间的产量差异分析；增产差异显著水平的试验点数达到总数的 2/3 以上者，判定该产品有增产效果。

(2) 品质效果评价：主要评价指标包括外形、色泽、口感、香气、单果重/千粒重、大小、耐储运性能等的记录和测定。

表 4-5 微生物肥料田间试验设计及要求

项 目	产 品 种 类	
	微生物菌剂类产品	复合微生物肥料和生物有机肥
处理设计	1. 供试肥料 + 常规施肥	1. 供试肥料 + 减量施肥[a]
	2. 基质 + 常规施肥	2. 基质 + 减量施肥[a]
	3. 常规施肥	3. 常规施肥
	4. 空白对照	4. 空白对照

续表

项 目	产品种类	
	微生物菌剂类产品	复合微生物肥料和生物有机肥
试验面积	1. 旱地作物（小麦、谷子等密植作物除外）小区面积 30 m²； 2. 水田作物、小麦、谷子等密植旱地作物小区面积 20 m²； 3. 设施农业种植作物小区面积 15 m²，并在一个大棚内安排整个区组试验； 4. 多年生果树每小区不少于 4 株，要求土壤地力差异小的地块和树龄、株形和产量相对一致的成年果树	
重复次数	不少于 3 次	
区组配置及小区排列	小区采用长方形，随机排列	
施用方法	按样品标注的使用说明或试验委托方提供的试验方案执行	
试验点数或试验年限	一般作物试验不少于 2 季或不少于 2 个地区，果树不少于 2 年	

a：减量施肥是根据产品特性要求，适当减少常规施肥用量。

附录 A（规范性附录）基质无菌检验方法

A.1 取样

从基质样品中随机取样。

A.2 样品检验

A.2.1 培养基制备

分别配制《微生物肥料实验用培养基技术条件》（NY/T 1114—2006）

中 A1、A9、A11、A13 四种培养基。

A.2.2 菌悬液的制备

称取样品 10 g（精确到 0.01 g），加入带玻璃珠的 100 mL 的无菌水中，静置 20 min，在旋转式摇床上 200 r/min 充分振荡 30 min，制成菌悬液。

A.2.3 加样及培养

在预先制备好的四种固体培养基平板上分别加入 0.1 mL 菌悬液，并用无菌玻璃刮刀将菌悬液均匀地涂于培养基平板表面，重复 3 次，于适宜温度条件下培养 2～7 d。以无菌水作空白对照。

A.2.4 灭菌效果鉴定

空白对照无菌落出现，而其他培养平板上菌落总数 ≤5 个，则该样品可用作基质试验。反之，应重新灭菌。若空白对照有菌落出现，应重做无菌检验。

深入思考

立足于"低碳、绿色、可持续"的发展理念，当前利用微生物组学技术改善作物生长发育备受关注，同时这一技术也处在快速发展阶段。在实验条件下促进植物生长的微生物在自然环境中往往表现不佳，这可能是由于本土微生物在微生物群落构建过程中具有优势，导致后期加入的菌落较难成为优势菌群，从而影响其发挥促生功能，这也是微生物菌剂或者生物菌肥无法稳定获得土壤改良或者高效促生效果的主要原因。幸运的是，随着高通量测序的发展，有关微生物群落中枢纽菌株和关键物种的新信息有望被揭示，这可为有益微生物的利用提供进一步的指导。中枢物种是指在微生物网络中与其他微生物建立更多联系的微生物，其中一些在构建整个群落的组成中起着关键作用，被定义为关键物种。请同学们思考：在现代农业系统中，关键物种发挥作用的方式有哪些？如何将其应用到生物菌肥的研发与制备生产中？

第五节　功能农业

导语

食品安全源头在农产品，基础在农业，必须正本清源，首先把农产品质量抓好。要用最严谨的标准、最严格的监管、最严厉的处罚、最严肃的问责，确保广大人民群众"舌尖上的安全"。

——习近平 2013 年 12 月于中央农村工作会议上的讲话

学习目标

知识目标： 了解功能农业与功能食品的概念和发展方向。

能力目标： 了解功能农业常见的技术路径。

素养目标： 筑牢人民生命与健康至上的理念，自觉维护食品安全与人民大健康。

在漫长的进化历史中，食物短缺一直是人类生存所面临的最严重挑战之一，这一现象直到工业革命后才得到一定改善。特别是自 19 世纪以来，先后通过四次农业技术革命，即 19 世纪末的农业"机械革命"，20 世纪初期的农业"化学革命"，20 世纪上半叶的"杂交育种革命"以及 20 世纪下半叶的农业"绿色革命"，全球农业生产力得到了迅猛发展，粮食产量得到了大幅度的提升。目前，在全世界范围内，粮食短缺问题逐步得到缓解，膳食的能量供应得到了基本满足。

在我国古代社会，长期有着"国以农为本，民以食为天"的说法。新中国成立以来，"温饱有余，吃穿不愁"也成了我国人民脱贫的基本生活期许。改革开放后，随着农业生产力的大幅发展，我国终于历史性地解决了老百姓的温饱问题。与此同时，我国人民的吃饭大事相应经历了三个阶段：第一阶段为"有什么吃什么"，第二阶段为"想吃什么吃什么"，第三阶段为"该吃什么吃什么"。功能农业解决的是第三个阶段的问题，即餐饮消费个体缺什么，该吃什么，吃了什么能管用。功能农产品让农产品中的营养物质从"富含"变为"定向含有"，被认为是未来高端食品的发展方向。

一、"没有全民健康，就没有全面小康。"

早在两千多年以前，《诗经》中就有"民亦劳止，汔可小康。惠此中国，以绥四方"的诗句。千百年来，过上小康生活一直是最广大中国人民的不懈追求。新中国成立以来，我国农业发展基于社会需求和经济基础，大致经历了三个阶段。

（一）"高产农业"阶段

新中国成立之初，由于历经战乱，我国粮食供应面临严重短缺，人民温饱问题是当时农业生产所面对的首要问题。农业科技工作者依靠各种农技手段，如改良土壤、施用化肥和农药、培育和推广优良品种，进而提高农作物产量。

1979年12月6日，邓小平在会见日本首相大平正芳时谈道："我们要实现的四个现代化，是中国式的四个现代化。我们的四个现代化的概念，不是像你们那样的现代化的概念，而是'小康之家'。"他首次将"小康"与中国发展联系在一起，提出了"小康之家"的概念，即百姓生活达到"温饱有余，吃穿不愁"的水平。

改革开放后，我国的农业生产取得了举世瞩目的伟大成就，完成了用世界7%的耕地供养世界22%人口的壮举，让"吃不饱饭"第一次在中国土地上成为了历史。

（二）"绿色农业"阶段

20世纪80年代末，"绿色农业"的概念被引入我国。绿色农业是在解决温饱问题的基础上，以提高食品生产的安全性为诉求，强调对农产品生产过程进行严加管理，控制有害物质的使用，从而保护消费者健康，追求高品质、安全健康的生活。

随着"绿色食品"进入寻常百姓家，大型绿色农业企业走过30多年历程后，我国基本完成了绿色农产品的认证，绿色农业逐步规范并进入同质化阶段，竞争力开始下降。此前作为农业高产值支撑的绿色食品正在演变为大众产品。

(三)"功能农业"阶段

2021年7月1日,习近平总书记在庆祝中国共产党成立100周年大会上庄严宣告:"经过全党全国各族人民持续奋斗,我们实现了第一个百年奋斗目标,在中华大地上全面建成了小康社会,历史性地解决了绝对贫困问题,正在意气风发向着全面建成社会主义现代化强国的第二个百年奋斗目标迈进。"

功能农业作为农业发展的新阶段,侧重于增加农产品的健康品质,开启了"吃"的新阶段,即从吃得"饱"、吃得"安全",向吃得"健康"转变(图4-18)。

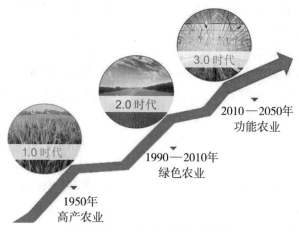

图4-18 农业发展的三个阶段

图片来源:《千亿级产业!功能农业:未来高端食品发展方向》,见(http://www.aartd.com/news/)。

二、功能农业与功能食品应运而生

近年来,我国居民主要农产品的人均能量消费量已经超过世界平均水平甚至一些发达国家水平。随着农产品消费进入从能量消费转入营养消费的新阶段,能量过剩和营养素有效供给不足已成为我国农业发展的主要矛盾之一。

根据中国农科院与国际食物政策研究所共同发布的《中国农业产业发展报告2021》和《2021全球粮食政策报告》,2020年,我国居民的人均食品供给总能量为3952千卡/天，其中国内生产的为2952千卡/天，占比74.7%。与此同时，我国居民人均能量摄入为2248千卡/天，仅占总供给的56.9%，且已经达到《中国食物与营养发展纲要（2014—2020年）》提出的"到2020年，全国人均每日摄入量2200~2300千卡"目标。这表明，当前国内生产的粮食在能量供给上可完全满足我国居民的能量摄入需求。而根据当前膳食营养结构预测，2025年，中国人均能量摄入将达到2333千卡/天，膳食营养超过推荐摄入量，将进入总体能量过剩时代。

（一）当代膳食危机

在膳食能量摄入基本充足的前提下，我们也面临着能量过剩和营养不良的双重膳食威胁。

1. "隐性饥饿"引发体弱

在基本消除显性饥饿后，由微量营养素（微生物和矿物质等）摄入不足所引起的"隐性饥饿"问题尚未得到很好的解决，隐性饥饿会增加癌症、糖尿病、心血管疾病等疾病的风险。

根据联合国粮农组织的预测，全球范围内有超过20亿人，正在遭受"隐性饥饿"的困扰，其中我国超过3亿人。研究发现，大约有70%的慢性疾病与隐性饥饿有关，隐性饥饿会影响人的智力、体力和免疫力。如：缺碘会导致甲状腺肿和呆小症；缺铁会诱发贫血，并降低免疫力和注意力，研究估计，我国每5人中有1人贫血，多为妇女、儿童和老人；缺维生素A会导致夜盲症，也会使人体对流感的抵抗力变差；缺锌会让人味觉减弱；缺硒会对心脏健康不利；缺钙会引起骨质疏松；缺叶酸会导致出生缺陷。

如果说常见的"显性饥饿"通过"吃多，吃饱"即可解决，而"隐性饥饿"的困扰则需要通过"吃对，吃好"才能解决。中国居民膳食指南提供了全面的营养和饮食建议（图4-19）。

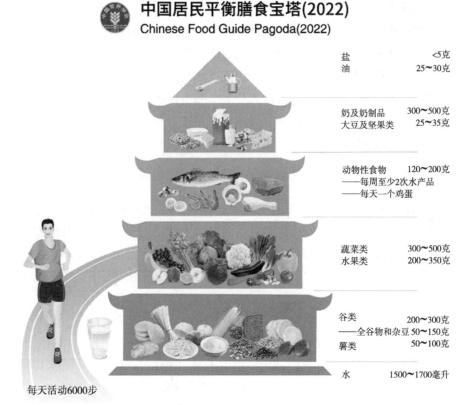

图4-19 中国居民膳食指南

资料来源：中国居民膳食指南网(http://dg.cnsoc.org/)。

2. 能量过剩导致肥胖

随着经济的快速发展以及城市化进程的推进，居民的生活消费方式也发生了较大的变化，我国居民身体活动量逐年下降，从而导致能量消耗降低。《中国居民营养与慢性病状况报告（2020年）》显示，19%的6～17岁儿童和青少年、10.4%的6岁以下儿童存在超重或肥胖问题，成年居民（≥18岁）的超重率为34.3%、肥胖率为16.4%。自2000年以来，全球成人的年龄标化肥胖患病率增加了1.5倍，儿童（5～19岁）的粗患病率从2.9%增加到6.8%（2016年）。此外，儿童超重也明显上升，2019年，5岁以下儿童估计有3830万（5.6%）超重，2000年约为3030万。

众所周知，超重和肥胖是糖尿病、高血压、心血管疾病和癌症等的危险诱因。据统计，2017年全国归因于超重或者肥胖而造成的心血管疾病死亡人数为59.0万，占全部心血管病死者的13.5%。叠加不健康的饮食，以高血压、糖尿病、血脂异常、高尿酸为代表的慢性代谢性疾病已经成为我国居民健康的最主要威胁，造成严重的经济和社会负担。

可见，我国随着农业生产和经济发展解决温饱问题后，居民的营养健康状况还有待进一步改善，人民期望农产品不仅能解决基本的能量供应问题，还能够提供更加健康、丰富的微量营养食物选项，对某些慢些代谢性疾病具备一定的调理功效。至此，功能农业与功能食品应运而生。

（二）何为功能农业与功能食品

面对"隐性饥饿"带来的挑战，以赵其国院士为组长的中国科学院农业领域战略研究组在2008年首次提出了功能农业的概念。功能农业（functional agriculture）是指在富含有益微量营养素的土壤、环境中种植，或通过其他生物强化技术，实现农产品中有益健康成分基于人类健康需求做出优化的生产实践。

功能农业是继高产农业和绿色农业之后的农业生产新兴领域，它将健康元素融入农业生产当中，主要通过营养强化或其他技术手段，增强农产品的营养、保健和疾病预防功能，使农业从"温饱与安全型"转向高价值的"功能型"。通俗地讲，功能农业是指农产品的营养化、健康化、功能化，主要通过现代生物技术生产出具有疾病预防和健康改善功能的农产品，达到促进生长发育，预防疾病、缓解炎症、延缓衰老等目标，使其成为维护、提升人体健康的重要载体。

而在国际上，功能食品（functional foods）则是一个被广泛提及并接受的概念，是指在具备普通农产品与常规食品的营养、安全基本属性和色、香、味等修饰属性的基础上，额外附有营养强化、健康促进与疾病预防等功能属性的农产品与食品。因此，人们食用功能农产品不会改变膳食习惯和摄入量，但会对某些疾病有预防和控制的作用。

可以说，高产农业解决了人们吃饱的问题，绿色农业解决了人们吃得安全的问题，功能农业主要是希望解决人们吃得健康的问题，满足消费者日益增长的从吃得饱到吃得安全再到吃得健康的需求。

三、如何破解"隐性饥饿"困局

为了解决隐性饥饿，满足人民群众日益增长的健康需求，2004年，国际食物政策研究所（International Food Policy Rescarch Institute，IFPRI）在全球范围内启动了"国际生物强化项目"，并依托中国农科院开展中国的作物生物强化项目。该项目启动后，已培育出数十种营养强化作物品种，包括维生素 A 原、叶酸、铁、锌等微量营养素强化的玉米、甘薯、小麦、水稻等作物。

"功能农业"消除"隐性饥饿"的方法之一，是向土壤中人工添加矿物质营养剂，改善土壤的矿物质水平，改良作物生长环境，促进作物吸收更多的微量元素。数据显示，我国已经批准的国产保健食品中，含有功能性矿物质的产品就超过 200 多个，市场价值合计超过 500 亿元，能有效带动农民特别是生态环境良好的贫困乡村增收，带动产区扩大产值。

作为一项近年来新兴的农业生产技术，功能农业通过科技赋能，实现了农产品营养价值的提升、满足了消费者对健康食品的需求，符合"健康中国"发展战略，有利于促进农业产业的转型升级。因此，功能农业既顺应国家农业供给侧改革的目标，又同时具备"三增效应"，即"农业增效、农民增收、人民增寿"。在2023功能农业与食品产业发展大会上，国际硒研究学会副主席、国家功能农业科技创新联盟理事长尹雪斌预测，功能性农产品将在 2030—2050 年达到万亿规模水平。

近些年来，随着人们健康意识的逐步提高，功能农业与功能食品也取得了长足的发展，并可根据消费人群的不同大致分为两个类别。

一是常规功能食品，或称为常规保健食品。即根据不同的消费者群体（如婴幼儿、学生、老年人）的生理特点与营养需求而设计，旨在保证营养供给、促进正常生长发育、保持活力与精力，强调其成分能提升身体机能、调节生理节律的食品。

二是特殊功能食品。这类食品为满足某些特定消费群体（如血糖异常患者、肿瘤患者、心血管疾病患者、便秘患者和肥胖症患者等）的特殊膳食和营养需求，强调食品在预防疾病、慢病管理、促进康复、改善生活品质方面的调节功能，以缓解相关人群所面临的"健康与医疗"问题。

四、功能农业与功能食品异军突起

2016年8月，全国卫生与健康大会提出要加快发展健康产业，随后相继印发的《"健康中国2030"规划纲要》等文件明确将发展健康产业作为健康中国建设五大任务之一，大健康产业上升到国家战略高度。发展功能农业与功能食品，成为提升全民族健康水平的有效手段。

2017年的"中央一号文件"中明确指出："加强现代生物和营养强化技术研究，挖掘开发具有保健功能的食品"，并且把壮大新产业新业态作为农业供给侧结构性改革的重大举措之一，凸显出功能农业与功能食品的巨大发展潜力与社会意义。

2019年，国务院印发了《国务院关于实施健康中国行动的意见》，统筹推进《健康中国行动（2019—2030年）》组织实施、监测和考核等工作。鼓励企业研发生产符合健康需求的产品，增加健康产品供给，国有企业特别是中央企业要作出表率，这意味着功能农业迎来了前所未有的发展机遇。

农业农村部办公厅印发《关于深入实施主食加工业提升行动的通知》提出，"开发多元产品，以功能化、营养化、便捷化消费需求为主导"。功能农业有关表述首入农业农村部主食提升行动，并作为产品多元化的首要方向。

党的十九大报告中提出，要把解决好"三农"问题，实现乡村振兴作为全党工作的重中之重。没有兴旺发展的产业，乡村振兴就如同无源之水、无本之木。推动乡村产业振兴，就要充分挖掘乡村的多种功能和价值，提升农产品的附加值。发展功能农业，鼓励各地结合自身资源禀赋，开发功能性特色农产品和功能食品，是提升农产品附加值，发展乡村产业，促进农民增收的有效手段。

目前，我国农业功能食品已经形成了一些富有广泛影响、走进百姓生活的品系。

（一）传统的营养素强化食品

应对微量营养素缺乏的问题，目前最广泛最成功的手段是食品营养素强化技术。营养素强化型食品是指在食品的生产加工过程中添加矿物质和维生素，增加食品的营养素含量。

碘盐是最为成功的营养素强化食品事例之一。食盐加碘强化始于 1922 年的瑞士，而现在世界卫生组织（World Health Organization，WHO，以下简称世卫组织）通过推荐碘盐的广泛性强化，使全球控制碘缺乏性疾病已取得了实质性进展。我国曾是世界上缺碘最严重的国家之一，7 亿多人口缺碘；从 1995 年起开始实施全民食盐加碘，十年后，我国 7～14 岁学生的甲状腺肿大率由平均 20.4% 降低到 5% 以下，在占人口 90% 以上的碘盐覆盖地区完全解决了碘缺乏导致的克汀病，隐性缺碘地区新生儿的平均智商过去提高了约 11～12 个智商点。

和碘类似，铁也是人体所必需的微量元素，缺铁性贫血（iron deficiency anemia，IDA）也是世界上最为普遍的营养素缺乏症之一。通过膳食补铁被认为是低成本的长期预防 IDA 的有效措施。在发达国家，铁强化食品已得到普及。美国早在 1941 年就要求必须在面粉中强化铁和维生素，居民膳食中铁元素摄入总量的 20%～25% 来自铁强化面粉。加拿大在 1976 年就制定了铁强化面粉、大米的强制性政策。我国自 2003 年起开展了铁强化酱油的营养干预项目，实施效果的分析显示，铁强化酱油可有效增加血红蛋白、降低缺铁性贫血的发病率。

除了矿物质，很多工业化国家还实行针对维生素的强化项目。例如叶酸强化的面粉用于预防神经管闭锁不全，烟酸强化的面包用于预防糙皮病，维生素 D 强化的乳制品、起酥油等用于预防和治疗佝偻病等。这些项目都收到了令人满意的效果。

（二）营养富集型农产品

营养富集型农产品力求在农作物的生长与种植过程中，通过土壤富集和强化育种两大途径，让作物本身富集更多的营养素。

1. 从土壤中富集营养

这一途径通过种植地特有的土壤环境，以富含某种金属元素的土壤为载体，使作物在生长过程中富集更多的营养素。

（1）富硒食品。

硒是生物体必需的微量元素，缺硒被证实是克山病、大骨节病等地方性疾病发生的主要诱因。早在 20 世纪 60 年代，克山病令人束手无策。陈孝曙研究员（后任中国营养学会理事长、亚洲营养联合会主席）采用微量元素硒预防克山病，使患病率和病死率均下降 80%，使我国微量元素与心肌病研究进入国际先进行列,并获得"施瓦茨"奖。硒在我国分布不均衡,我国四大富硒地区(湖北恩施、贵州开阳、陕西紫阳、安徽石台)是富硒农产品最主要的生产基地,目前已经推广的富硒农产品包括富硒茶、富硒大米、富硒蔬菜、富硒猪肉等。

(2)富钙蔬菜。

吉林大学植物科学学院利用生物强化技术种出的蔬菜,如小白菜、生菜、婆婆丁等,根据相关检测报告,其中钙的含量提高了12%～30%,缺钙人群一周食用3～5顿此类蔬菜,半年左右时间可以有效改善缺钙症状。

2. 作物强化育种

这一途径通过育种,选育出能够在常规土壤条件下,富集某些微量营养素的作物新品种。作物营养强化育种技术在国际上已取得进展,主要集中在六种作物(小麦、水稻、玉米、甘薯、木薯、豆类)和三种微量营养元素(铁、锌、维生素A)上。目前,共有30个国家累计公开了超过150种作物营养强化品种。通过作物营养强化技术培育的部分高类胡萝卜素甘薯新品种,已经在乌干达进行了产量试验,筛选出的34种高类胡萝卜素甘薯已在肯尼亚种植。

自2004年中国作物营养强化项目启动以来,我国已成功培育出多个富含微量营养素的作物新品种,如铁锌强化小麦、高铁功能大米、高维生素A原玉米、高叶酸玉米、高叶酸功能大米等,主要围绕富含微量营养素(铁、锌、维生素A和叶酸等)及与健康功能因子相关的营养强化主粮作物等新品种的培育、种植、生产、加工及饮食、营养保障与健康评价,全面创新技术链、升级价值链和推进产业链,以实现第一、第二、第三产业的融合。

除了通过常规育种手段,以基因工程为代表的现代生物技术,也是营养强化型作物培育的有效手段。其中最典型的例子是"黄金大米"。维生素A缺乏会导致夜盲症等诸多健康问题。据世界卫生组织估计,全世界有1.2亿～2.5亿人缺乏维生素A,并且造成每年100万～200万儿童死亡。2000年,科学家将水仙花的两个基因以及细菌的一个基因成功转入水稻中,研发出富含β胡萝卜素(一种维生素A原,可以在体内转化为维生素A)的转基因大米。因其颜色呈现金黄色,故俗称"黄金大米"(图4-20)。一个儿童每天只需要食用大约150 g这种大米就可以基本满足人体对维生素 A 的需求。2019 年,菲律宾成为全球首个批准黄金大米商业化种植的国家。然而,目前该技术在全球范围内大面积推广仍面临不少阻力。

图 4-20 转基因食品"黄金大米"

五、功能农业与功能食品的前景展望

任何一个新领域的诞生与发展,都是以市场需求为推动力的,功能农业也不例外。

随着人们生活水平的提升,"吃得健康"逐渐成为第一追求。功能农业通过适量补充微量元素生产出功能食品,力求全面满足身体营养需求,改善健康状况,预防疾病,降低医疗费用,这种特殊的差异性,既符合国家支持的"关注民生和可持续发展"的要求,又可以给农业企业带来更加忠实的消费者,具有重大社会效益和经济效益。可见,功能农业作为农业供给侧结构性改革的新路径、新动能,开启了"吃出健康"的新阶段,能得到更多关注和支持,成为现代农业的蓝海。

全国各省大多依托地方自然环境特点、农业品种等特色资源禀赋,围绕产业链科学布局,在产业规划、科技攻关、产品研发、品牌打造和现代农业产业园建设等方面开展工作。近年呈现出百花齐放的发展态势。目前,全国已有 20 多个省份在积极布局功能农业。

功能农业在其发展早期,主要是着重于对传统农业的"赋能",这个时期以种植业为主,产业基础弱、科技含量低、产业链条短,价值没有得到充分的挖掘。近年来，经过十几年的不断探索，在"十四五"开端，功能农业已呈现出"三产融合、强基补链"的新趋势。

第一产业将着力于建设大型功能农业示范种植基地，重点集成各种新技术。例如，在一些富硒（或富锌）地区，通过"功能肥料+功能种子"等手段，实现功能农业示范发展的技术解决方案。

第二产业将充分发挥功能农业示范基地的标准化功能食材优势，以此为基础推进当地功能食品产业发展。重点结合地方传统美食、功能性预制菜、大型中央厨房建设等，由此形成"1+2"的发展格局。

第三产业着力打造"1+2+3"的新组合，即以功能农业园区建设为基础，发展功能农业劳动教育基地，服务于学校劳动教育课程实践的刚性需求。在劳动教育的同时引导学生接触现代农业前沿科技，并大力发展功能农业亲子游、研学游等新业态，带动周边服务业同步发展。

今后，随着生活水平的提高，功能工业大发展潜力将得到进一步释放。全国功能农业将"横向拓展、纵向深化"，呈现出产品多功能化、新业态不断涌现等鲜明特征。随着功能农业和功能食品的快速发展，民众"吃饱、吃好、吃健康"不再是遥远的梦。

知识点

隐性饥饿：人体保持健康不仅需要蛋白质、碳水化合物、脂类、膳食纤维等宏量营养素，还需要钙、铁、锌、硒、碘等十几种矿物质，以及维生素A、维生素D、维生素E、维生素K、维生素C及8种B族维生素等共计13种维生素。隐性饥饿是指在宏量营养素得到基本满足的前提下，由于缺乏微量营养素，从而产生隐蔽性营养不良的现象。2005年，世界卫生组织将这一现象称作"隐性饥饿"。

容易遭受"隐性饥饿"的人群：

（1）儿童、青少年、怀孕和哺乳期妇女，因为他们对营养的需求较高；

（2）偏食、挑食、用不健康零食替代正餐或方法不科学的节食者，这部分人群往往难以从日常膳食中获取足够的微量元素；

（3）肥胖的人，容易出现部分营养物质摄入过量，体内营养不平衡的情况；

（4）老年人，身体对营养物质的消化和利用率低；

（5）患有肠道疾病的人群，因消化吸收障碍难以获取所需的微量元素。

典型案例

功能农业，山西为什么"能"

山西老百姓有句俗话："有醋可吃糠，无醋肉不香。"浓郁的醋香，或许是山西人最迷恋的味道了。不过这次说的这醋并不是餐桌上普通的调味醋，而是一种功能醋。

到底什么是功能醋，它有怎样的功能？又能为传统酿造产业带来怎样的新机遇？

（一）功能食品吃出营养、吃出健康

东方醋起源于中国，距今已经有3000多年的历史。而果醋相对于一般的食醋，酸味更柔和，口感适中，带一点点甜味。

功能食品对我们的身体健康有什么益处？山西省科学技术协会乡村振兴学会联合体秘书长、山西省功能农业院士专家工作站负责人王创云回答说："就是很好地解决了我们隐性饥饿的问题。隐性饥饿就是吃得饱的还会营养不良，身体缺乏矿物质、微量元素等。吃出营养、吃出健康，就需要功能食品。"

"莫道农家无宝玉，遍地黄花是金针。"《本草注》里说黄花"萱草味甘，令人好欢，乐而忘忧"，所以黄花也称作"忘忧草"。近年来，古人眼中的"宝玉"黄花，真正被当成了晋北农家的宝贝，特别是在富锌富硒的火山土上所生长出的"大同黄花"，更显珍贵。

2020年5月，习近平总书记在大同视察时曾鼓励当地农户，"小黄花大产业，很有发展前途"。当这朵"小黄花"从田间地头走进实验室，通过科技创新，从较为单一的食用方式到种类繁多的"拆开即食"，又被赋予了特有功能。

在山西农业大学的功能食品研究院的实验中，通过冷冻干燥处理的大同黄花，在浸泡水中仅仅几秒后，就变得像新鲜黄花一样艳丽。比起民间百姓的土法晾晒烘干，冻干可以最大程度保留黄花的营养成分。此外，从田间地头到餐桌背包,黄花菜品、黄花酒、黄花饼……多种黄花深加工和延伸产品纷纷面世,孕育着一个潜力巨大的消费市场。

功能食品产业集群将依托于山西丰富的杂粮、鲜干果、中药材等资源,打造"四大功能产区"。在晋西北地区布局功能性油脂核心区(亚麻籽),在晋北地区布局功能性杂粮核心区(荞麦、燕麦),在晋东南地区布局富含矿素功能食品核心区(富硒小米),在晋西地区布局功能性林果核心区(沙棘)。

近年来,功能农业产业得到了涉农企业的大力支持,据不完全统计,山西省龙头企业以功能性农产品为原料,已经开发出40多个系列、数百个功能食品品牌。2020年,我省功能食品产业产值达到30亿元,功能农产品种植面积在700万亩以上,带动了40多万农户增收。

在山西省"十四五"规划以及2035年远景目标建议中提出了未来山西发展的八个战略定位,其中就含有打造"特色优势有机旱作农业科研和功能食品生产基地"这一目标。到"十四五"末,山西省将争取培育20家功能食品骨干企业、打造30个功能食品品牌;经认证绿色有机功能食品产品100个,年产值力争突破90亿元。山西这块"小杂粮王国"的金字招牌也会变得更亮、成色更足。

资料来源:王秀娟《功能农业,山西为什么"能"》,载《山西日报》2021年3月4日,第7版。此处有删改。

延伸阅读

最新研究:食用海鞘有助于逆转衰老迹象

如果你曾在镜中看到自己的白发和皱纹,或是忘记过亲朋好友的名字,那么想要一颗青春不老药,延缓甚至逆转自己的衰老,也是情有可原。根据一项新研究,这样的药可能并非仅仅存在于幻想之中。来自西交利物浦大学、斯坦福大学、上海交通大学和中国科学院大学的研究人员发现,在膳食中加入海鞘,逆转了动物模型中部分衰老的主要迹象。

海鞘可以生食,在韩国和日本的菜肴中常见。这类海洋生物含有一种名为缩醛磷脂的物质,对于我们的身体机能十分重要。缩醛磷脂自然存在于我们的身体中,尤其是心脏、大脑和免疫细胞。但是随着年龄的增长,它在体内的含量会下降,这也是几种神经退行性疾病的特点,包括阿尔茨海默病和帕金森病。

为了研究提高缩醛磷脂水平是否能延缓衰老,团队成员研究了在老年小鼠的食物中增加缩醛磷脂的效果。

他们发现,缩醛磷脂补充剂对小鼠的学习能力和身体症状产生了巨大的影响。

论文通讯作者、西浦慧湖药学院教学副院长傅磊教授说:"我们的研究表明,缩醛磷脂不仅可以阻止认知能力下降,还能逆转衰老大脑中的认知障碍。"该研究首次详细展示了缩醛磷脂如何影响衰老的大脑。

生成新联系

研究人员通过训练小鼠使用莫里斯水迷宫,来测验缩醛磷脂补充剂对于学习和记忆的影响。莫里斯水迷宫由一池水和用作休息区域的水上平台组成。小鼠一般不喜欢游泳,因此经过五天的训练,他们会记住平台在哪里,一进入游泳池就直接尽快游向平台。但是,在相同时长的训练后,年老小鼠找到平台所用时间更长。

令人惊讶的是,喂食缩醛磷脂后,老年小鼠的表现更像年轻小鼠,比未喂食补充剂的对照组老年小鼠找到平台的速度快很多。

为了找出喂食缩醛磷脂小鼠表现改善的原因,研究人员进一步研究了小鼠大脑内发生的变化。

他们发现,与未喂食补充剂的老年小鼠相比,喂食缩醛磷脂的小鼠神经元之间的连接,即突触的数量更多、质量更高。

突触是我们神经网络的基本组成部分,因此对学习和记忆十分重要。儿童的突触可塑性更强,但是年龄的增长和神经退行性疾病会造成突触数量下降和退化,从而导致认知障碍。

因此在该研究中,喂食了缩醛磷脂的老年小鼠相比食物中不含补充剂的,表现出更大的学习新技能和生成新神经网络的潜力。这表明,膳食中的缩醛磷脂能阻止与年龄相关的突触退化。

大脑中的炎症是衰老的另一个特征,且被认为是神经退行性病变的重要因素。过多的炎症会对认知能力产生消极影响,因为大脑的免疫系统会变得过度活跃,进而转向自身,攻击神经元并阻止突触正常工作。

在该研究中,与正常饮食的小鼠相比,喂食缩醛磷脂补充剂的老年小鼠体内炎症大大减少，这为探寻它们在学习与记忆任务中表现更佳的原因提供了一些思路。

可能的作用机制

尽管尚不明确膳食中的缩醛磷脂补充剂是如何显著影响学习和记忆的，傅教授推测了一些可能的作用机制。

"我们发现，缩醛磷脂使促进大脑中神经元与突触生长发育的分子数量显著增加。这表明缩醛磷脂可以促进神经再生。"

"还有越来越多的证据表明，缩醛磷脂直接影响突触的结构特性。缩醛磷脂可能会提升突触膜的流动性和柔韧性，从而影响神经元间的冲动传导。"

此外，傅教授还解释说，缩醛磷脂还可能间接影响我们的大脑。"一些研究表明，膳食中的缩醛磷脂会影响肠道中的微生物。已有广泛证据显示，我们肠道和大脑中微生物的联系会影响神经退行性病变。可能是缩醛磷脂影响了这种联系，从而引发本研究中学习和记忆能力的改善。"

"我们首次揭示了缩醛磷脂补充剂可能是一种潜在干预策略，可以阻止神经退行性病变、促进神经再生。"

"口服缩醛磷脂可能是改善老年人认知功能的可行治疗策略。"

这样来看，青春不老药或许并非不切实际的幻想——前提是含有海鞘成分。该研究题为"缩醛磷脂消除小鼠衰老相关的突触缺陷及小胶质细胞介导的神经炎症"，发表于期刊《分子生物科学前沿》（Frontiers in Molecular Biosciences）。

资料来源：杨频萍《最新研究：食用海鞘有助于逆转衰老迹象》，见新华报业网（https://jnews.xhby.net/v3/waparticles/7fda002d5708436da67a57947ffc4b06/0/F5433em3YXWw1Pfg/1&）。此处有删改。

耕读体验

酿制功能性果酒

一、劳动要求

果酒是以水果或果汁为原料，通过发酵酿制而成，酒精浓度为7%～

18%的低度酒精性饮料。我国是世界上较早开始酿造果酒的国家之一,例如,唐代诗人王翰就曾吟诵出"葡萄美酒夜光杯"的名句。

以"一分田"中收获的农作物为主要原材料,自行查阅资料,设计实验方案,提交课程指导老师审阅批准后,自行组织实验,发酵出功能性果酒/果醋,并了解该产品有哪些营养成分与可能的健康调理功能。

二、技术要求

(1) 发酵的主要原材料需来源于"一分田"智慧农创园;
(2) 发酵采用的微生物菌种是常见、易购买的菌种;
(3) 符合国家食品安全标准;
(4) 发酵总量为不超过 5 L;
(5) 技术方案具备可行性,在农学院现有实验条件下能够顺利实施。

三、参考知识

(一) 果酒的发酵工艺

果酒的生产工艺流程大致如下:

原料→清洗去皮→榨汁→调整糖度→接种酵母→主发酵→后发酵→陈酿→澄清和过滤→果酒

(二) 果酒发酵的原理

果酒的酿造过程是由酿酒酵母分解水果中的糖而产生酒精,再在陈酿过程中经过酯化、沉淀等环节,制成的色泽鲜美、香气宜人的果酒的过程。果酒酿造大致要经历酒精发酵和陈酿两个主要阶段。

1. 酒精发酵

酒精发酵是酿酒过程中最主要的生物化学反应,指原料中的糖经酵母的厌氧发酵,产生酒精的过程。

酒精发酵中的其他产物:果汁经过酵母菌的发酵,除生成乙醇和二氧化碳外,还产生少量的其他物质,例如琥珀酸、醋酸、高级醇、甘油等,赋予果酒更为丰富的滋味和香气。

2. 陈酿

刚发酵后的新酒,酒体浑浊,味不够醇和,且缺乏酒香。新酒需经过一段时间的陈酿,以降低不良口感,增加酒香。陈酿期的主要变化有两个方面。

（1）酯化作用：果酒中的醇类与酸类发生酯化反应，生产酯类。

（2）氧化还原与沉淀：果酒中的单宁、色素等经过氧化而沉淀，一些其他物质如有机酸盐、细小颗粒等也经过下沉而沉淀。

（三）发酵工艺流程

1. 果汁制备

选用优质新鲜水果，洗净榨汁，贮藏备用。

2. 酵母活化

称取适量的干酵母，按照 0.2～0.4 g/L 浓度，用 10 倍量 8% 蔗糖水在 25～30 ℃ 活化 10 min 即可。

3. 发酵控制

（1）主发酵。

将果汁的糖度调整至 16～20 °Bx，添加 30～110 mg/L 的 SO_2，然后加入经过活化的酵母，混匀后，置于培养箱中敞口发酵，温度 19～27 ℃，20 小时后再密封进行厌氧发酵，持续 8～10 天。在此期间，每天排气 1～2 次，并监测发酵液中总糖、总酸和乙醇含量的变化。

（2）后发酵。

主发酵完成以后，将所得酒液转入另一容器中并装满，以尽量减少酒体的氧化，在密封条件下静置发酵 15～20 天进行后发酵。

（3）陈酿。

后发酵结束后，将上层酒液转入一灭菌后的干净容器中，并添加少量明胶作为澄清剂，密闭置于 0～5 ℃ 的环境中，存放 1～2 个月，过滤后即得到澄清的成品果酒。

4. 实验仪器与设备

本劳动需要的仪器与设备包括：榨汁机、糖度仪、恒温培养箱、广口瓶（发酵用）、pH 计、分析天平等。

四、评价标准

（1）实验方案：20 分。

（2）发酵成功：40 分。

（3）产品感官：20 分。

（4）功能评价：20 分。

深入思考

1. 功能农业与绿色农业的主要区别是什么？
2. 立足大健康理念，功能农业与功能食品有哪些发展机遇，又面临哪些挑战？

第六节　观光农业

导语

采菊东篱下，悠然见南山。

——陶渊明《饮酒·其五》

学习目标

知识目标：了解观光农业的概念，理解观光农业种植原理。

能力目标：掌握设计稻田景观技术。

素养目标：树立观光农业与环境健康相结合的意识，涵养农业美学精神。

中华数千年的农耕文明历史在每个人心中都烙下一份寄情山水的文人情怀。随着人口急剧增加，城市化进程加快，为了舒缓紧张的生活，很多人希望到乡下去感受一下短暂的清净，体验乡村生活，于是观光农业在传统农业的基础上应运而生。

一、观光农业是农家乐吗？

观光农业就是对都市郊区的空间、农业的自然资源以及农村民俗风情及农村文化等进行充分的利用，通过对其进行合理的规划、设计和施工，从而构建出一个集农业生产、生态、生活于一体的农业区域。随着世界范围内的农业工业化，旅游农业也得到了很大的发展。为市民提供观光、休闲、度假等生活性功能。农家乐仅仅是观光农业的一种模式。

二、观光农业何以能脱颖而出？

我国的休闲观光农业是在二十世纪七十至八十年代在我国台湾地区兴起的，八十年代后，由于大陆经济的高速发展，人民的物质生活日益丰富，对精神生活的要求也越来越高，从日常的衣食住行，转向了更高的精神享受，渴望回归大自然，亲近体验大自然，而休闲观光农业恰恰符合人们的这种需求，并由此得到迅速发展，目前正处于高质量发展的时期。

（一）资源丰富，种类繁多

我国的气候由南热带向北温带过渡，地形分为山地、高原、盆地、平原、丘陵等。上千个城市分散在这片广袤的大地上，因此，这里有不同的农业生态系统，有南方的珍树奇木，也有北方的森林和草原。从东部沿海的休闲度假胜地，到西域的草原、沙漠，这些特色鲜明的资源和景观，不但为广大的消费者带来了丰富的食物，同时也为发展各种农业技术示范园区和观光农业旅游创造了有利的条件。

（二）思想更新，活力旺盛

我国作为农业大国和人口大国，发展观光农业具有很好的前景。我国利用数千年建立起来的农业文明和现代科技，以不到10%的土地面积养活了全球22%的人口，这为我们的观光农业打下了坚实的基础。另外，城市化的加速，都市的生活节奏加快，以及周末、假期的延长，让游客的观念发生了变化，不再只是单纯地游览自然遗址、人文古迹，更多的是以郊外为中心的观光农业旅游。此外，观光农业园区也为游客提供了良好的观光环境，其经济效益与其他景点不同，并非完全依靠旅游收益，而是依靠新兴技术发展的各种高品质、高效率的农业。因此，农业观光旅游具有较强的活力和较大的发展空间。

（三）依托城市建设，不断发展

我国的观光农业和农业技术示范园大多设在郊区，这是因为其自身的经济实力和大量的农业研究机构、高等院校和科学技术队伍，使其具有较强的科学技术实力。另外,城镇人口密集、顾客需求稳定,这也促进了郊区农村观光旅游的发展。此外,郊区除了具有天然的农业风景,还可以利用人工的农作风景,将其与当地的农业经济和技术旅游有机地联系起来,实现生态、环境、经济效益和社会效益的可持续发展。

三、我国的观光农业的模式

随着国家有关政策的持续推动,我国的休闲观光农业逐步走向具有鲜明特色的小规模、综合型旅游休闲旅游模式,将食与住宿相结合,提供休闲观光、农事体验、文化体验等服务,包括家庭农场、农庄、特色农庄等,例如湖北省武汉市凤凰湾特色农业小镇、蓝城农庄小镇等。从整体上来看,我国的观光农业呈现出"农中有旅、旅促农、农旅结合、强旅强农"的新面貌,由农民的副业转变为乡村新产业,由市民的临时性安排变成日常生活方式,从政府的一般性工作演变成一项重要的工作任务,正面临难得的历史发展机会。

我国的观光农业经过近些年的迅猛发展,已分化衍生为四种模式。

(一)田园娱乐模式

以田园风光、农业生产活动、特色农产品等为主要内容,发展农业观光、林果观光、花卉观光、渔业游、牧业游等具有鲜明个性的主题旅游,可以让游客体验农业,回归自然。这种经营方式仍然是以农牧业为主,并在开花和收获季节吸引旅游者前来观光、采摘、钓鱼、野餐等,获取非生产性收入,如深圳欢乐田园的摘玉米活动、深圳光明农场的草莓采摘活动等。

(二)农业旅游模式

充分发挥本地的农产与文化优势,对其进行规划与设计,对其进行合理的规划与设计,以促进旅游产业的发展。旅游业是我国最重要的经济支柱之一。将乡村风土人情、民俗文化、农耕文化等作为观光的卖点,对农耕文化、民间技艺、时令民俗等进行开发。以节庆活动和民俗歌舞为主要内容,为农村旅游增添了更多的文化内容。此外,还可以以古老的民居建筑和新的乡村模式作为景点,发展观光型的旅游项目,如云南省大理市古生村乡村旅游等(图4-21)。

图4-21 云南省大理市古生村一景

(三)农业示范模式

高科技农业示范园指的是将先进的现代农业设施引进来,将无土栽培等农业新技术和名特优新农产品品种进行展示,向访问者或旅游者进行现代农业风貌展示的一类公园,它还可以将农业观光园、农业科技生态园、农业产品展览厅等功能充分发挥出来。农业博览会主要是让参观者了解农业的历史,学习农业的技术,增长农业知识,如河南平舆芝麻小镇博物馆等。

(四)农家乐模式

农户利用自己的庭院,自己生产的产品,以及周边的田园风光和自然景观,以较便宜的价格来招徕游客。如浙江省桐庐县的"外婆家"等。

四、观光农业种植规划,可以如此简单

随着产业相关制度和法规的不断健全,观光农业形成了规模较大的产业以及综合化、标准化的经营模式。同时,还向农民个人、农村集体、经济组织、企业、外商等多种类型的经济组织发展,打造现代农业产业园、农业嘉年华、农旅综合体,如江苏宿迁市洋河现代农业产业园,广西玉林市五彩田园、大同农业嘉年华等。普通的休闲农业园区,其基本用途以农

业生产为主，并无休闲、娱乐等作用。所以，除了核心的生产区，观赏区应该从根本上改变植物的种植结构，改变传统的农耕方式，营造多种形式的农田风景。规划人员要注意绿化布局的组成，要科学地安排各类农作物，并注意土地的合理利用，发展高效的现代休闲农业。

在休闲农业公园内，可以将园林植物划分为三大类型：露地栽培、设施栽培、绿化栽培。公园内的景观构成要素应以各类植物为主，规划人员应透过设计出合理的绿化体系，使整个园区在各个阶段都有可欣赏的景观。

（一）露地栽培

园区露地栽培要注重种植的格局组成，充分运用各种颜色、纹理，并进行适当组合，使其规模适宜。要通过增加其层次感，使得整个园林更具观赏价值和艺术价值。在露地栽培中，要注意合理地调节落叶树和常青树的配比，并适当地添加不同的树种，以丰富园林景观（图4-22）。观光农业园区最直观的部分是农田、道路两旁或其他地形交汇处的农田，这些部分的面貌可以让参观者有很大的感触，因此应着重加以规划，使农田空间更具层次。

图4-22　河南平舆芝麻小镇露地景观

（二）设施栽培

利用现代农业高新技术在休闲农业园内进行种植，可以满足四季有景致的需求，比如可以在园区中适当地布置各种规格的玻璃大棚。在大棚种植和栽培中，既要做到科学化，又要注重与审美的有机结合，并应用美学的原理来正确地进行种植设备的艺术创作。

（三）园林栽培

宽阔的土地通常是建立休闲农业园的首要条件。要尽量考虑到地貌的改变，并考虑到周围的服务设施、园林构筑物、景观小品等，还要兼顾乡村的需求，突出乡村景观的特点，如薰衣草园、油菜花园、麦田等。不仅要将其大范围的美感表现出来，还要具有层次感和多样性。

五、休闲观光农场路向何方？

近几年，我国的休闲观光农场"井喷式"发展，各种模式百花齐放。但是，休闲观光农场要满足人们对美好生活向往的需求，实现多种功能健康发展，还有很长的路要走。为此，必须时刻牢记和坚定践行习近平总书记"绿水青山就是金山银山"的理念，坚持以国家生态安全为导向、兼顾市场需求的可持续发展；要统筹规划，科学布局，加速产业标准的制定；整合各种社会力量，共同推动产业的迅速发展，提升产业的产品质量和服务水平。

（一）科学计划，安排得当

要充分利用当地的自然资源和特色农产品，以市场为主导，把休闲观光和现代农业结合起来，科学统筹，合理规划，安排有序，注重挖掘亮点，抓住重点，突破难点。

（二）加强支持，正确指导

要加大对旅游产业的特殊支持和资金支持。探索市场化运营模式，通过引入政府与社会资金的形式，发挥其作用，以多种渠道、多元化的筹资形式发展旅游休闲农业。推进"放管服"，优化企业经营，扩大外商投资规模。通过引入新的发展思路和新的发展方式，逐步建立起政府主导，市场运作，适度开发，特色示范，多元化投入等新的发展方式。

（三）整合资源，行业协作

积极推进自主创业，努力探索发展符合当地特点的旅游休闲旅游产业。要重视农业高质量、多元化发展，调整农业生产布局和产品结构，以提升农业生产的整体质量和农业综合效益。要加强各行业之间的沟通与协作，为促进休闲旅游产业的良性发展提供有力的引导与支持。要研究制定旅游休闲观光农业的管理制度，严格审批，加强前期的研究，使旅游产业的发展更加规范化。

（四）大力推广，树立品牌

休闲观光农业是一种涵盖范围广、涉及面较宽的新型农业。要持续学习和推广优秀的典型，借助新闻媒介进行广泛的宣传，点对点推动，推动旅游休闲农业的发展。动员各种农牧业生产和投资企业的积极性、创造性，使农民成为全社会关注的对象，营造一个发展休闲观光旅游的良好环境。要着力培育旅游休闲农业的名牌农产品，引进适宜旅游休闲农业发展的新品种，以提高旅游业的科技水平、创造创新力和品牌效应。

知识点

观光农业中景观作物的分类

景观作物主要包括景观油料作物（如油菜、向日葵、花生、大豆、芝麻等）、景观粮食作物（如玉米、小麦、谷子、绿豆、红小豆、水稻、甘薯等）、景观药材作物（如软枣猕猴桃、金莲花、玉竹、黄芩、桔梗、金银花、益母草、景天三七、藿香、龙胆草、玫瑰、芍药、牡丹）、其他景观作物（麦秆菊、翠菊、金鸡菊、蛇鞭菊、蛇目菊、万寿菊、黑心金光菊、松果菊、硫华菊、蓝花鼠尾草、柳叶马鞭草、醉蝶、紫茉莉、亚洲百合、金娃娃萱草、大花萱草、狼尾草、千日红、紫菀、月见草、千屈菜、茑萝、香雪球、大花藿香蓟、福禄考、八宝景天、德国景天、百日草等）。观光农业从业者可根据当地气候和农业发展选择合理的景观作物进行观光农业的设计。

高校劳动教育之耕读教育

典型案例

彩稻景观

稻田艺术起源于20世纪90年代初日本青森县南津轻郡田舍馆村。当时，田舍馆村的村委会为了搞活经济，提高当地村民的收入，策划出这种田间艺术。正因为最后呈现出的美感，这门艺术在全世界广受好评。图4-23为深圳市光明区光明小镇欢乐田园的彩稻景观，整幅作品在阳光的照耀下熠熠生辉。

图4-23 深圳市光明区光明小镇欢乐田园的彩稻景观

延伸阅读

我国休闲观光农业的发展历程

改革开放以来，城市居民对休闲旅游、康体保健的需求越来越大；随着旅游度假需求的不断增长，全国各地都在深入挖掘农业的多种功能，挖掘和开发乡村文化资源，大力发展休闲观光农业。

1. 发展初期

随着城乡一体化进程的加速，城市居民的休闲旅游日益增加，农村公路运输系统也得到了进一步的发展。1998—2004年，原国家旅游局开展了"华夏城市乡村游"，以"农家乐""生态旅游年"为主题，制定了《农业旅游发展指导规范》《全国农业旅游示范点检查标准》等一系列规范。

2. 迅速推广时期

随着我国新农村建设的不断深入，休闲观光农业进入了高速发展的时期，各地政府也开始重视全面的规划和科学的论证。2006年到2009年，我国出台了一系列关于"走进绿色旅游、感受生态文明"的指导意见。农家乐、度假村、生态农业观光园、教育农园、民俗文化村等一系列休闲观光农业的兴起，使休闲观光农业成为新业态、新亮点。

3. 快速发展时期

"十三五"以来，随着我国经济发展的新常态出现，人均GDP迅速增加，农业生产已步入"休闲拐点"，休闲观光农业出现了规模化、管理的集约化、多元文化的内涵发展趋向。从2015年开始，"中央一号文件"就全面部署了发展休闲旅游农业，运用"旅游+"和"生态+"的理念，把农业与旅游、教育、文化、康养等产业深度结合起来，大力实施"休闲农业""乡村旅游"。2020年全国"两会"提出，"乡村振兴，城乡要素双向流通"是当前我国休闲观光农业资源的重要组成部分。

资料来源：李乡壮主编《农业发展新模式 观光农业》，西北工业大学出版社2012年版。此处有删改。

耕读体验

彩稻景观创作活动方案

彩稻景观创作分为7个步骤。

1. 图案设计

结合红色教育、农业文明等主题，设计符合宣传教育要求的稻田画。根据可种植彩稻的颜色设计图案，根据设计稿的尺寸选择适合的田地。可用于彩稻景观的种植的品种并不多，而且颜色有限，主要是绿色、黄色、紫色、白色、橙色、赤色及暗影。需对所选稻种进行育种试验，观察水稻株高、叶色亮化、花期等并做好记录。

2. 定点测绘

稻田画的定点测绘，构成图案，人工栽植秧苗。测量后可大致知道其是否适合展示图案。

3. 图案设计

稻田画采用的是类似错觉艺术的创作思路，通过透视还原平面效果。所以，虽然稻田画视觉效果只有约6.3米的高度，但实际需要用到70米纵深的水田。

4. 区划定位

将全图划分为若干个点，并附上编号和X、Y坐标。

5. 实测标记

将坐标化以后的数据导入测量机器，从基准点开始进行测量。一组至少需要4名工作人员（测量仪器操作、测量镜操作、插记号、记号结线各一名）。

6. 田间栽种

稻苗品种很多，但应该尽量使用已经在本地成功种植过的品种，从中选择5到6种来种植。在栽种过程中需要特别注意的是，虽然整个创作过程技术含量并不高，但线的部分粗细非常难以控制。特别是过于细的线是无法表现的，并且由于稻苗在生长过程中会出现分蘖，因此应该尽量不要让作品出现10厘米宽度以下的线条。另外，在测量中插过芦苇秆的地方一定要保证芦苇秆的根部处有种植稻苗。最后，由于视线方向的纵向上的稻苗密度非常难以控制，因此如果希望在地面就能清晰地观赏整幅作品，那么在创作大幅作品时要尽量横向设计。

7. 考核评价

创作完成后，根据景观实效，并结合统计该区域日均观光人数以及红色教育的效果，进行考核评价。

深入思考

1. 目前，我国的乡村民宿、农家乐等农业旅游景点的发展方式基本大同小异。你认为资源要素的分配、市场运作机制的管理、政府的规划等方面存在哪些缺陷？应如何改进？

2. 如何将现代农业技术与智能化管理有机融入观光农业项目，从而更好地优化实现观光农业的多种功能？

✳ 参考文献 ✳

[1] 曹敏建，王晓光．耕作学［M］．北京：中国农业出版社，2020．

[2] 胡立勇，丁艳锋．作物栽培学［M］．北京：高等教育出版社，2019．

[3] 王黎阳，杨发展，李维华，等．不同耕整地模式作业效果及配套机具研究进展［J］．农机化研究，2022，44（8）：1-8．

[4] 王树朋，张兴茹．深翻技术应用效果及机具研究进展分析［J］．农机使用与维修，2019（5）：88．

[5] 赵建国，王安，马跃进，等．深松旋耕碎土联合整地机设计与试验［J］．农业工程学报，2019，35（8）：46-54．

[6] 李晓杰，郑艳明．玉米高产栽培技术的推广与应用［J］．中国农业信息，2015（23）：40．

[7] 林永明，胡美静，丰诗尧，等．普洱市夏玉米高产栽培技术［J］．耕作与栽培，2014（6）：53-55．

[8] 喻思南. 开辟水稻育种新途径 [N]. 人民日报, 2022-04-18.

[9] 朱素芹. 小麦感赤霉病突变体感病基因的遗传定位 [D]. 扬州：扬州大学, 2021.

[10] 姜松. 不同灌频对滴灌玉米产量及氮磷养分吸收利用效率的影响 [D]. 石河子：石河子大学, 2016.

[11] 孙岩, 刘仲夫. 大数据在智慧农业中的应用展望 [J]. 现代农村科技, 2022 (4)：15-16.

[12] 孙忠富, 杜克明, 郑飞翔, 等. 大数据在智慧农业中研究与应用展望 [J]. 中国农业科技导报, 2013, 15 (6)：63-71.

[13] 李周, 温铁军, 魏后凯, 等. 加快推进农业农村现代化："三农"专家深度解读中共"中央一号文件"精神 [J]. 中国农村经济, 2021 (4)：2-20.

[14] 赵春江. 智慧农业发展现状及战略目标研究 [J]. 智慧农业, 2019, 1 (1)：1-7.

[15] 付小猛, 毛加梅, 沈正松, 等. 中国生物有机肥的发展现状与趋势 [J]. 湖北农业科学, 2017, 56 (3)：401-404.

[16] 侯会静, 韩正砥, 杨雅琴, 等. 生物有机肥的应用及其农田环境效应研究进展 [J]. 中国农学通报, 2019, 35 (14)：82-88.

[17] 鲍士旦. 土壤农化分析 [M] 3版. 北京：中国农业出版社, 2000.

[18] 农业部微生物肥料和食用菌菌种质量监督检验测试中心. 微生物肥料田间试验技术规程及肥效评价指南：NY/T 1536-2007 [S].

[19] 全国农业技术推广服务中心, 中国农业科学院土壤肥料研究所, 华中农业大学. 肥料效应鉴定田间试验技术规程：NY/T 497-2002 [S].

[20] 中央定调! 生物有机肥将全面加速发力! [EB/OL]. (2022-05-18) [2024-09-25]. https://www.163.com/dy/article/H7LQO680055 2P1D3.html.

[21] 赵其国. 功能农业：从0到1 [EB/OL]. (2020-07-20) [2024-09-25]. https://www.kjcxpp.com/html/qkgl/202202ystd_4590_7860.html.

[22] 佚名. 潜在需求巨大! 功能性农产品的下一个风口即将到来？[EB/OL]. (2020-03-03) [2024-09-25]. http://www.360doc.com/content/

21/1014/12/29650793_999717464.shtml.

[23] 佚名. 观点 | 功能农业将开创农业蓝海![EB/OL]. (2020-03-03)[2024-09-25]. https://m.sohu.com/a/377419618_100157795.

[24] 佚名. 发展功能农业的重大意义!农业行业观察[EB/OL]. (2020-07-20)[2024-09-25]. http://www.nyguancha.com/bencandy.php?fid=72&id=12482.

[25] 王忠义. 景观作物的品种和配套栽培技术[M]. 北京:中国农业出版社,2018.

[26] 李乡壮. 社会主义新农村建设技术丛书·农业发展新模式:观光农业[M]. 西安:西北工业大学出版社,2012.

[27] 中农富通长三角规划所. 浅析我国休闲观光农业发展现状及问题对策分析[EB/OL]. (2020-09-16)[2024-09-25]. https://www.sohu.com/a/418726059_120537338.

[28] 佚名. 休闲观光农业是农家乐吗?[EB/OL]. (2017-08-01)[2024-09-25]. https://iask.sina.com.cn/b/102xvBXN1MOn.html.

[29] 陌读视界. 观光农业种植规划,可以如此简单[EB/OL]. (2020-07-07)[2024-09-25]. https://www.163.com/dy/article/FGU5E8JV0517QTKS.html.

下篇　品颂农耕

第五章　我国农业形势与政策

第一节　我国农情概览

导语

农，天下之本，务莫大焉。

——〔西汉〕司马迁《史记·孝文本纪》

务农重本，国之大纲。

——〔唐〕房玄龄等《晋书·齐王攸载记》

学习目标

知识目标：了解我国农情概况。
能力目标：掌握目前国家农业发展的主要指标水平。
素养目标：树立乡村振兴的信心和责任感。

一、总览

我国农业起源于新石器时代的黄河、长江流域，该区域也是世界农业起源地之一，可以说，中华民族是世界上最早沐浴农业文明曙光的民族。

我国疆域广阔，但是土地资源人均占有量严重不足，人多地少的矛盾一直突出。不同地区的自然条件十分复杂，总体而言，光热条件较优越，但水资源总体偏少，且分布不均；生物种属繁多，群落类型丰富多样，但随着人口增长和农业发展，生物资源退化严重。长期以来，我国农业一直以种植业为主，粮食生产又在种植业中占有的主要地位，在传统观念中，"农"就相当于"种植五谷"。

新中国成立后，农村经济得到迅速恢复和发展，农业进入了发展较快的新时期。农业生产条件和生产技术显著改善，产量水平迅速提高。特别是1978年党的十一届三中全会揭开中国经济改革序幕之后,农业生产发展走上了快车道,取得了举世瞩目的成就。

(一) 农业综合生产能力显著提高

农产品供给实现了由长期短缺到供求基本平衡、丰产有余的历史性转变。在总量增加的同时,农产品品质改善,质量安全水平提高,均衡供给能力增强,创造了农业综合生产能力大跨越的世界奇迹。

(二) 农业科技历史性进步

1. 农业技术与生产条件明显改善

我国农业科技水平与世界先进水平的差距进一步缩小。特别是以现代科技广泛应用为标志的现代农业快速发展,在基因工程、植物细胞和组织培养、单倍体育种及其应用研究等方面都有重大突破;航天育种、杂交水稻和油菜的研究与利用,动物疫病、基因疫苗、动植物的营养与代谢、生物反应器等方面的研究,都达到或接近国际先进水平。

2. 农业科技成果转化应用成效显著

遥感技术在农业资源调查与动态监测、灾害监测与损失评估及产量评估等方面广泛应用。保护性耕作、水稻旱育稀植及抛秧、玉米地膜覆盖、精量半精量机械化播种、平衡施肥、重大病虫害综合防治、节水灌溉和旱作农业、稻田养鱼、畜禽快速高效饲养、水产优质高效养殖等先进实用技术在全国广泛推广应用,有力地促进了农业增效和农民增收。

3. 农业高新技术产业化初具规模

在国家持续的政策支持下,各地方对推进农业高新技术产业发展重要性的认识不断提高,我国的农业高新技术产业已形成了一定程度的市场规模,为农业高新技术产业链的进一步构建及发展奠定了坚实基础。一大批成熟农业高新技术成果,如水稻、玉米、油菜、棉花杂交育种和植物组织培养,生物农药和肥料,转基因蔬菜、棉花和猪,家畜胚胎工程、重大畜禽疫病疫苗、种苗脱毒快繁等技术开始实现产业化,推动了农业产业升级和技术换代。

(三) 农业和农村经济结构不断优化

种植业结构由以粮食为主,转变为粮食作物与经济作物、饲料作物全面发展；农业内部结构由以种植业为主，转变为种植业和林牧渔业共同发展；农村经济结构由以农业为主，转变为农业与非农产业协调发展。农业的区域比较优势和规模优势逐步得到发挥，大大提高了农村经济整体素质和竞争力。

二、第三次农业普查基本情况

为摸清"三农"（农业、农村、农民）基本国情，查清"三农"新发展新变化，截至2021年，国务院先后共组织完成了三次全国农业普查。第三次普查的标准时点为2016年12月31日。第三次全国农业普查共调查了31925个乡镇的596450个村，有效地代表了我国农村的全貌。截至2016年末，全国农业基本情况如下。

（一）农业经营主体

全国共有204万个农业经营单位，20743万农业经营户。其中，398万规模农业经营户，共有31422万农业生产经营人员。

（二）农业机械拥有量

全国共有拖拉机2690万台，耕整机513万台，旋耕机825万台，播种机652万台，水稻插秧机68万台，联合收获机114万台，机动脱粒机1031万台。

（三）土地利用情况

耕地面积134921千公顷，实际经营的林地面积203046千公顷，实际经营的牧草地（草场）面积224388千公顷。

（四）农村基础设施

全国99.3%的村通公路，99.7%的村通电，11.9%的村通天然气，25.1%的村有电子商务配送站点。

全国91.3%的乡镇集中或部分集中供水，90.8%的乡镇生活垃圾集中或部分集中处理。73.9%的村生活垃圾集中处理或部分集中处理，17.4%的村生活污水集中处理或部分集中处理，53.5%的村完成或部分完成改厕。

（五）农村基本公共服务

全国96.8%的乡镇有图书馆、文化站，11.9%的乡镇有剧场、影剧院，16.6%的乡镇有体育场馆，70.6%的乡镇有公园及休闲健身广场。59.2%的村有体育健身场所。

全国96.5%的乡镇有幼儿园、托儿所，98.0%的乡镇有小学。32.3%的村有幼儿园、托儿所。

全国99.9%的乡镇有医疗卫生机构，98.4%的乡镇有执业（助理）医师，66.8%的乡镇有社会福利收养性单位。81.9%的村有卫生室。

（六）农民生活条件

全国99.5%的户拥有自己的住房，47.7%的户使用经过净化处理的自来水，36.2%的户使用水冲式卫生厕所。

第二节　"中央一号文件"

导语

"三农"工作在新征程上仍然极端重要，须臾不可放松，务必抓紧抓实。

——习近平总书记在2020年中央农村工作会议讲话

学习目标

知识目标：了解农业政策体系，理解农业政策脉络。
能力目标：掌握现代农业政策要点。
素养目标：树立兴农强国责任感，学农知农、爱农务农。

"中央一号文件"原指中共中央每年发布的第一份文件，通常在年初发布。近年来，"中央一号文件"已成为中共中央、国务院重视农村问题的专有名词。从建国初期的"土地改革"，到1958—1978年实行人民公社体制，再到改革开放以后建立家庭联产承包责任制度，中国的农业农村发展历经几次体制改革,过程曲折艰辛,但成就举世瞩目。尤其是伴随着家庭联产承包责任制的实施,以及中共中央在1982年至1986年连续五年发布以农业、农村和农民为主题的"中央一号文件",对农村改革和农业发展作出具体部署。2004年至2022年又连续十九年发布以"三农"为主题的"中央一号文件",强调了"三农"问题在中国社会主义现代化时期"重中之重"的地位。

一、从"中央一号文件"看农业发展历程

1982年1月1日,中共中央批转1981年12月的《全国农村工作会议纪要》,这也是我们通常所说的改革开放后第一个"中央一号文件",成为发展农业科技的纲领性指南。此后,1982—1986年、2004年至今,中央每年的一号文件均为有关"三农"工作总体布局的指导性文件。回顾40多年的历程,这个时期也是我国农业快速向好发展的时期,铸就了农村教育改革、农业科技创新和服务体系建立、社会主义新农村建设、脱贫攻坚全面胜利等多个里程丰碑。

如果说20世纪80年代的五个"中央一号文件"是注重于解决农民经营自主权和温饱问题的话,2004年以来的"中央一号文件"的主线则是统筹城乡发展,构建强农惠农富农政策体系,目的是加快实现农业现代化、农村全面小康和农民增收致富。这十九个"中央一号文件"一脉相承,前九个"中央一号文件"是贯彻党的十六大、十七大精神,以"多予、少取、放活"为方针,实现工业反哺农业、城市支持农村的战略转变;后续"中央一号文件"是贯彻党的十八大、十九大精神,致力于以改革激活农业农村发展的内在活力,推进农业农村的现代转型,让广大农民平等参与现代化进程、共同分享现代化成果。

二、20世纪的"中央一号文件"(1982—1986年)

党中央在1982年至1986年连续五年发布以"三农"为主题的"中央一号文件",推动农业保持了10多年的高速增长,极大地促进了中国经济的腾飞。

1. 1982年:《全国农村工作会议纪要》

文件明确,农业可以吸收多学科的科学技术成就,成为知识密集的产业部门。动员组织各方面的研究力量,紧密结合农林牧渔等业生产近期和

长远的需要，拟定一批科研重点项目，有计划地进行科学技术攻关。要恢复和健全各级农业技术推广机构，充实加强技术力量。教育是发展科学技术的基础。要调整和加强农业院校的领导班子，进一步改善办学条件。农业科技人员要深入农村，安心农业，钻研业务，努力工作，热心为农民和农业生产服务，作出新贡献。

2. 1983 年：《当前农村经济政策的若干问题》

继续进行农业技术改造，建立与健全农业科学技术研究推广体系和培养农村建设人才的教育体系。同时，文件指出三个工作方向：一是建立包含农业科研、技术推广、教育培训等各方面的合理分工、协调一致的工作体系。二是改革农村教育，普及初等义务教育，面向农村的高等院校和中等专业学校，制定招生和毕业生分配办法。三是支持技术服务组织，鼓励技术人员到农村开展农民职业技术教育和培训服务。

3. 1984 年：《关于一九八四年农村工作的通知》

如果说前两个"一号文件"着力解决农业和农村工商业微观经营主体问题，那么，此后的"一号文件"则要解决市场发育的问题。文件强调要发挥专业户的带头作用，带头勤劳致富，带头发展商品生产，带头改进生产技术。

4. 1985 年：《关于进一步活跃农村经济的十项政策》

文件鼓励技术转移和人才流动，城市的各类科学技术人员可以停薪留职应聘到农村工作。具备条件的科学技术人员，可以利用业余时间为农村提供服务。鼓励各有关部门组织志愿服务队，赴农村和边疆少数民族地区，提供科技、教育、医务等方面的服务，提倡"东西部协作"，要求各大专院校要继续为农村定向培养科技人才。

5. 1986 年：《关于一九八六年农村工作的部署》

文件就依靠科学，增加投入，保持农业稳步增长做出总体布局。为了实现 1986 年"粮食总产上阶梯"的目标，提出"依靠科学，增加投入，提高单产，并适当稳定面积"。首次指出"科学技术必须为农村经济服务，发展农村经济必须依靠科学技术"，同时，国家启动了著名的"星火计划"。

三、新世纪"中央一号文件"（2004—2022 年）

进入新世纪后，党中央从 2004 年起又连续发布了以"三农"为主题的"中央一号文件"，彰显了"三农"在现代化建设中的重中之重的地位以及党中央解决"三农"问题的决心,推动"三农"发展进入了新的历史阶段。

1. 2004年:《中共中央　国务院关于促进农民增加收入若干政策的意见》

这是时隔18年之后中央就"三农"问题再次下发一号文件,聚焦农民增收,通过有力的举措尽快扭转城乡居民收入差距不断扩大的趋势。提出对种粮农民的直接补贴、良种补贴、农机补贴三项补贴,深化粮食流通体制改革,降低农业税负等最直接有效促进农民增收的系列措施,开启了城乡统筹和"多予、少取、放活"的政策进程。

2. 2005年:《中共中央　国务院关于进一步加强农村工作提高农业综合生产能力若干政策的意见》

聚焦提高农业综合生产能力,解决农业投入不足、基础脆弱等问题。文件要求继续加大"两减免、三补贴"等政策实施力度,明确了稳定、完善支持粮食生产的有关政策,继续实行最低收购价政策,把国家的重大支农政策制度化、规范化,推进农村金融改革和创新等重要政策措施。

3. 2006年:《中共中央　国务院关于推进社会主义新农村建设的若干意见》

聚焦社会主义新农村建设,加快建立以工促农、以城带乡的长效机制,全方位协调推进农村经济、政治、文化、社会和党的建设,尤其是提出全面取消农业税,终结了中国延续数千年的农业税历史。提出深化农业科研体制改革,加快建设国家创新基地和区域性农业科研中心、鼓励企业建立农业科技研发中心、改善农业技术创新的投资环境、加强农业高技术研究等措施,并首次提到了加强种质资源和知识产权保护。

4. 2007年:《中共中央　国务院关于积极发展现代农业　扎实推进社会主义新农村建设的若干意见》

聚焦现代农业,强调把基础设施建设和社会事业发展的重点转向农村,注重开发农业的多种功能,培育现代农业经营主体,大力发展农民专业合作组织,要求在全国建立农村最低生活保障制度。社会主义新农村建设要把建设现代农业放在首位,强化建设现代农业的科技支撑,指出科技进步是突破资源和市场对我国农业双重制约的根本出路。

5. 2008年:《中共中央　国务院关于切实加强农业基础建设　进一步促进农业发展农民增收的若干意见》

聚焦农业基础设施建设,加强农业基础地位,保障主要农产品基本供给,解决农村社会管理和公共服务的矛盾。文件要求巩固、完善、强化强农惠农政策,提升农业科技、人才、服务等支撑能力,提高农村生产和农村生活的基本公共服务水平,首次提出建立新型农村社会养老保险制度,强调保障农民土地权益。

6. 2009 年:《中共中央 国务院关于2009年促进农业稳定发展农民持续增收的若干意见》

聚焦农业稳定发展,旨在应对国际金融危机,防止粮食生产滑坡与农民收入徘徊。较大幅度增加农业补贴,提高政府对粮食最低收购价格的水平,增加政府农产品的储备,加强农产品进出口调控,加大力度解决农民工就业问题,将农村民生建设重点投向农村电网、乡村道路、饮水安全、沼气、危房改造等领域。加快农业科技创新步伐,包括加大农业科技投入、加快推进转基因生物新品种培育、主要农作物强杂交优势技术研发重大项目。强化农业知识产权保护、支持龙头企业承担国家科技计划项目、支持科技人员和大学毕业生到农技推广一线工作等方面的工作,并对开展农业科技培训、引导社会力量承担公益性农机推广服务项目等工作进行了部署。

7. 2010 年:《中共中央 国务院关于加大统筹城乡发展力度 进一步夯实农业农村发展基础的若干意见》

聚焦统筹城乡发展,以城乡统筹破解"三农"难题,协调推进工业化、城镇化和农业现代化。要求推动资源要素向农村配置,首次提出促进农业发展方式转变,突出把农田水利作为农业基础设施建设的重点、良种培育作为农业科技创新的重点、主产区作为粮食生产支持政策的重点。此外,还提出深化户籍制度改革等系列举措。

8. 2011 年:《中共中央 国务院关于加快水利改革发展的决定》

聚焦"水利改革发展",有效缓解水利"基础脆弱、欠账太多、全面吃紧"等问题,加快扭转农业主要"靠天吃饭"的局面。首次全面阐释水利的重要地位,提出突出加强农田水利等薄弱环节建设、全面加快水利基础设施建设、建立水利投入稳定增长机制、实行最严格的水资源管理制度、创新水利发展体制机制等重要举措。

9. 2012 年:《关于加快推进农业科技创新持续增强农产品供给保障能力的若干意见》

聚焦"农业科技创新",旨在依靠科技进步实现农业增产增收、提质增收、节本增收。文件明确了农业科技的公共性、基础性、社会性的定位，首次强调"三农"政策的强农惠农富农三大指向，提出推进农业科技创新、提升技术推广能力、发展农业社会化服务、加强教育科技培训等系列举措。也是新中国成立以来中央文件首次对农业科技进行的全面部署，明确了农业科技创新方向、突出农业科技创新重点、完善农业科技创新机制、改善农业科技创新条件、着力抓好种业科技创新五大重点方向。

10. 2013 年：《中共中央 国务院关于加快发展现代农业进一步增强农村发展活力的若干意见》

再次聚焦"现代农业"，核心是创新农业经营体系，旨在解决城镇化进程中谁来种地、怎么种地以及农村社会管理等问题，激活农村和农民自身的活力。文件要求新增补贴向主产区和优势产区集中、向新型生产经营主体倾斜，培育和壮大新型农业生产经营组织，首次提出发展家庭农场、建立严格的工商企业租赁农户承包耕地的准入和监管制度，加强农业科技创新能力条件建设和知识产权保护，继续实施种业发展等重点科技专项，加快农机装备及肥料农药兽药研发、推进国家农业科技园区建设，继续推进科技特派员农村科技创业行动。

11. 2014 年：《中共中央 国务院关于全面深化农村改革加快推进农业现代化的若干意见》

聚焦"农村改革"，旨在贯彻落实党的十八届三中全会精神，破除农业农村体制机制弊端，推进四化同步发展。文件强调确保谷物基本自给、口粮绝对安全，提出建立农产品目标价格制度、最严格的食品安全监管制度、粮食主产区利益补偿与生态补偿机制、农业可持续发展长效机制等重要举措，系统提出农村土地产权改革的要求，确定了开展村庄人居环境整治、推进城乡基本公共服务均等化等重点工作。对 2012 年农业科技全面部署的内容进行了完善与升华，加强了对科技产权的保护，采取多种方式，引导和支持科研机构与企业联合研发。

12. 2015 年：《中共中央 国务院关于加大改革创新力度加快农业现代化建设的若干意见》

再次聚焦"农业现代化"，旨在靠改革添动力，以法治作保障，在经济增速放缓背景下继续强化农业基础地位、促进农民持续增收。首次提出推进农村一二三产业融合发展，明确推进农村集体产权制度改革与农村土地制度改革试点等工作，首次提出完善农产品价格形成机制，加强农村法治建设。为了强化科技创新驱动作用，健全农业科技创新激励机制，加强对企业开展农业科技研发的引导扶持，继续实施种子工程、加强农业转基因生物技术研究、支持农业企业技术创新等。

13．2016 年：《中共中央　国务院关于落实发展新理念加快农业现代化实现全面小康目标的若干意见》

继续聚焦"农业现代化"，首次提出推进农业供给侧结构性改革，要求着力构建现代农业产业体系、生产体系、经营体系，实施藏粮于地、藏粮于技战略，提出推进"互联网＋"现代农业、加快培育新型职业农民、推动农业绿色发展、培育壮大农村新产业新业态等创新措施。大力推进"互联网＋"现代农业，应用物联网、云计算、大数据、移动互联等现代信息技术，推动农业全产业链改造升级，并加强农业知识产权保护。值得一提的是，"互联网＋"成为该年"中央一号文件"一大亮点，标志着农业科技创新步入了新的数据时代。

14．2017 年：《中共中央　国务院关于深入推进农业供给侧结构性改革加快培育农业农村发展新动能的若干意见》

聚焦"农业供给侧结构性改革"，从供给侧入手、在体制机制创新上发力，从根本上解决当前最突出的农业结构性、体制性矛盾。文件在优化产品产业结构、推行绿色生产方式、壮大新产业新业态、强化科技创新驱动、补齐农业农村短板、加大农村改革力度等方面进行全面部署，提出建设三区三园一体，大规模实施节水工程、盘活利用闲置宅基地，大力培育新型农业经营主体和服务主体，积极发展生产、供销、信用"三位一体"综合合作等创新举措。首次对农业科技园区建设进行了详细布局，强调要完善农业科技创新激励机制，实施农业科研杰出人才培养计划，深入推进科研成果权益改革试点；围绕新型职业农民培育和农民工职业技能提升两大主题，整合资源，建立政府主导、部门协作、统筹安排、产业带动的培训机制。

15．2018 年：《中共中央　国务院关于实施乡村振兴战略的意见》

文件是在全面落实党的十九大提出的乡村振兴战略的背景下出台的，围绕实施乡村振兴战略，讲意义、定思路、定任务、定政策、提要求，是对解决"三农"问题做全面部署、"既管全面、又管长远"的顶层设计和全面部署。文件确定了实施乡村振兴战略的目标：产业兴旺、生态宜居、乡风文明、治理有效、生活富裕。阶段任务：到 2020 年，乡村振兴取得重要进展，制度框架和政策体系基本形成；到 2035 年，乡村振兴取得决定性进展，农业农村现代化基本实现；到 2050 年，乡村全面振兴，农业强、农村美、农民富全面实现。

16．2019 年：《中共中央　国务院关于坚持农业农村优先发展做好"三农"工作的若干意见》

强调了在全面建成小康社会的大背景下"三农"领域所面临的艰巨任务，分别从脱贫、农业、农村、农民、改革等多个关键词指出了"三农"领域的战略发展方向。在夯实农业基础，保障重要农产品有效供给方面，提出加快突破农业关键核心技术，培育一批农业战略科技创新力量，重点推动"生物种业、重型农机、智慧农业、绿色投入品"等领域自主创新。值得一提的是，该文件首次提出了"智慧农业"这个概念。

17．2020 年：《中共中央　国务院关于抓好"三农"领域重点工作确保如期实现全面小康的意见》

2020 是全面建成小康社会伟大任务的收官之年，这一年的一号文件聚焦打赢脱贫攻坚战、补上全面小康"三农"领域突出短板两大重点任务，作出一系列重大部署：强化农业科技支撑作用，加强农业关键核心技术攻关，部署一批重大科技项目，抢占科技制高点。对农业生物技术研发、种业自主创新工程、农业机械、科技特派员制度、现代农业产业技术体系和农业产业科技创新中心建设等方面的工作进行了部署。另外，推动人才下乡，推动更多科技成果应用到田间地头，有效解决打通科技服务农业"最后一公里"的问题。

18．2021 年：《中共中央　国务院关于全面推进乡村振兴加快农业农村现代化的意见》

第三次聚焦"农业现代化"，整体上要求坚持把解决好"三农"问题作为全党工作的重中之重，把全面推进乡村振兴作为实现中华民族伟大复兴的一项重大任务，举全党全社会之力加快农业农村现代化。提出要"打好种业翻身仗"，加快实施农业生物育种重大科技项目，有序推进生物育种产业化应用。作出了"强化现代农业科技和物质装备支撑"的部署，提出"坚持农业科技自立自强"的理念，完善农业科技领域基础研究稳定支持机制，布局建设一批创新基地平台，深入开展乡村振兴科技支撑行动。

19. 2022 年：《中共中央　国务院关于做好 2022 年全面推进乡村振兴重点工作的意见》

再次聚焦"乡村振兴"，可概括为"两条底线、三项重点、一个加强"。"两条底线"是牢牢守住保障国家粮食安全和不发生规模性返贫两条底线；"三项重点"是扎实有序推进乡村发展、乡村建设、乡村治理；"一个加强"是坚持和加强党对"三农"工作的全面领导。明确提出推进乡村振兴重点工作，强化现代农业基础支撑，必须"推进种源等农业关键核心技术攻关，全面实施种业振兴行动方案"。梳理过去几年一号文件中发展种业的判断和部署的政策脉络，可以发现我国振兴种业的重要性、必要性和紧迫性。

在加强现代农业基础支撑方面，提升农机装备研发应用水平。在加强乡村振兴人才队伍建设方面，发现和培养使用农业领域战略科学家，启动"神农英才"计划，致力于加快培养农业领域的科技领军人才、青年科技人才和高水平创新团队。

第三节　农业科技革命

导语

要把发展农业科技放在更加突出的位置，大力推进农业机械化、智能化，给农业现代化插上科技的翅膀。

——习近平总书记 2018 年 9 月 25 日在北大荒建三江国家农业科技园区考察调研时的讲话

学习目标

知识目标：了解农业革命概念，理解农业科技原理。
能力目标：掌握现代农业关键技术要点，识别新兴农业现象。
素养目标：树立科技慧农意识，涵养学农知农精神。

农业的发展，最终要依靠农业科技的进步与创新，实现农业发展的跨越，必须推进新的农业科技革命。作为国家对农业纲领性和指导性的文件,"一号文件"中提到的问题是中央全年需要重点解决的问题,我们尝试通过梳理历次"中央一号文件"中的科技脉络,来看国家如何推进新的农业科技进步,来实现传统农业向现代农业的跨越。

一、前三次农业科技革命与第四次农业科技革命的产生背景

一般地,当科学技术的发展表现为技术或技术体系发生了质的变革时,就称之为技术革命。科技革命会使整个社会的生产效率得到提高,社会生产力得以发展。

广义的农业科技革命不仅指农业科技的重大创新和突破,而且还包括农业科研、推广组织和制度的转变而带来的现有农业技术、管理系统生产潜力的释放。也就是说,新的农业科技革命,不仅要求围绕农业发展目标去实现农业科技成果的突破,而且还要通过制度创新,挖掘现有农业技术系统的生产潜力,充分发挥技术资源的作用,使农业系统整体功能和农业综合效益得到较大提高。

(一)第一、第二、第三次农业科技革命

第一次农业科技革命的标志是农具科技革命。公元前770—476年,坚硬锋利的铁制农具替代了木制、石制和青铜农具,使生产效率大大提高,农业生产有了飞跃式的发展。经过几千年的发展和完善,铁制农具逐渐形成了种类繁多、制造简单、小巧灵活、使用方便的完整体系,适应了中国农业生产环境和农作物的要求,一直沿用至今。

第二次农业科技革命的标志是农业机械和农业化学的科技革命。19世纪中叶,蒸汽动力拖拉机及随后的内燃机动力拖拉机替代了人畜力,使农业生产效率迅速增长,农业经营规模大幅度增加。运用先进适用的输入性动力农业机械代替人力、畜力生产工具,同时开始大规模使用农药和化肥,改善了"面朝黄土背朝天"的农业生产条件以及降低了土壤肥力低下、高温多雨等不利环境因素对农作物生长发育的影响,将落后低效的传统生产方式转变为先进高效的大规模生产方式,大幅提高了劳动生产率、农业生产力水平以及农作物产量。

第三次农业科技革命的标志是农作物品种改良与应用。20世纪40年代初,在充分机械化的基础上,以农作物品种为中心,以生物育种、智能

机器、植物生长调节剂为特征的革命是第三次农业科技革命，又称绿色革命。

（二）第四次农业科技革命（农业 4.0 时代）

近三四十年来，生物技术和信息技术、物联网技术取得突破性进展，又拉开了新的农业技术革命的序幕，使农业劳动生产率和经济效益得到很大提高。世界农业发展和近代农业科学技术的发展证明，农业科技革命是推进农业现代化发展的根本性力量。

第四次农业科技革命就是充分应用现代信息技术成果、生物技术成果、"3S"技术、工程装备技术、纳米技术、生态农业技术等多种最新的技术，全面升级改造农业全产业链，是一种新型农业生产模式与综合解决方案，来应对当前环境污染、气候变化、资源短缺、人口激增、农业劳动力骤减等问题，从而实现粮食安全、食品安全、生态安全。

二、第四次农业革命目标与关键技术

（一）第四次农业科技革命的目标

1. 保障国家粮食安全，巩固提高农业生产能力

人口的不断增长以及资源储备量的不断减少，人民生活质量的提高和城市化进程加快，都对农业生产能力提出了更高的要求。发展现代农业科技革命，能够有效缓解人类对主要农产品的需求压力，确保农产品的供应量，并有利于提高农产品的品质，保障农产品质量安全，提高土地的产出效率，进一步保障国家的粮食安全，巩固农业的基础地位，提高农业生产能力。

2. 加速应用科技成果，促进农民可持续增收

当前，虽然我国农业科技已经取得了显著的研究成果，但是科技成果的应用转化率还不高，大多停留在试验阶段，导致农业科技产业发展滞后。依靠现代农业科技革命能够有效扩展农业发展的空间，拓宽农业发展功能。此外，加快农业科技成果的转化应用还能壮大农业的科技产业，衍生出更多的发展产业，不断丰富农民增收致富的手段，使农民在现代农业科技革命中得到实惠。

3. 降低对化肥、农药等的依赖性，保证食品安全

20世纪80年代以来，我国粮食产量实现了跨越式增长，化肥和农药功不可没。但盲目施用化肥、农药，导致土壤板结肥力下降，水体富营养化，农业生态系统遭到破坏，食用果蔬农药残留量超标等生态和食品安全问题。从实践来看，减少化肥、农药施用次数、施用剂量，防止化肥和农药流失，提高效率，是实现化肥和农药使用量零增长的必经之路。而从实际效用来看，把握好"精、调、改、替"四字要领：推进精准施肥、调整化肥施用结构、改进施肥方式、有机肥替代化肥，有利于粮食生产的可持续发展。

4. 促进资源节约型、环境友好型社会的建设

现阶段，我国对农业资源的循环利用十分落后，对农业生产污染物的无害化处理技术不够成熟、能力低，严重阻碍了农业的可持续发展，因此加强现代农业科技的应用，不断研究开发出清洁的农业生产资源，对促进农业的清洁生产及提高农业资源的利用率有重要的现实作用。一方面，加大农业科技的投入应用可以促进农业生产效率的提高，促进农业无害化的发展。另一方面，还能有效促进我国资源节约型、环境友好型社会的建设，不断引领社会主义新农村建设。

（二）第四次农业科技革命的关键技术

1. 人工智能

"人工智能之父"约翰·麦卡锡认为，人工智能是"制造智能机器的科学与工程，特别是智能计算机程序"。目前普遍认为，人工智能是计算机科学的一个分支，其努力了解智能的实质，并生产出一种新的能以与人类智能相似的方式做出反应的智能机器，该领域的研究包括机器人、语言识别、图像识别、自然语言处理和专家系统等。人工智能可以模拟人的意识、思维的信息过程。人工智能不是人的智能，但能像人那样思考，也可能超过人的智能。

人工智能与现代农业相结合是农业发展的新方向，可以将其描述为物联网、云计算、大数据、移动互联网等现代信息技术在农业方面的综合应用。2017年7月，国务院印发了《新一代人工智能发展规划》，提出"发展智能农业，建立典型农业大数据智能决策分析系统，开展智能农场、智能化植物工厂、智能牧场、智能渔场、智能果园、农产品加工智能车间、

农产品绿色智能供应链等集成应用示范"。人工智能技术可贯穿农业生产各个阶段，实现农业生产产前、产中、产后的全产业链监控，进而实现农业生产集约、高产、优质、高效、生态、安全等可持续发展的目标。

2. 区块链技术

区块链是一种块链式存储、安全可信的去中心化分布式账本，它结合了分布式存储、点对点传输、共识机制、密码学等技术。简单来说，它是一个不可篡改和无法伪造的分布式数据库。目前，区块链技术在国际汇兑、信用证、股权登记和证券交易所等金融领域有着巨大的潜在应用价值；区块链在物联网和物流领域可以天然结合；在公共管理、能源、交通等领域都与民众的生产生活息息相关；在游戏娱乐、支付、社交通讯、去中心化交易所、数据交换等多个行业进行了有效的探索；在数字版权领域可以对作品进行鉴权，证明文字、视频、音频等作品的存在，保证权属的真实唯一性。在中国农业的发展现状下，区块链主要的应用场景在农产品溯源、农业物联网和生产物流方面。

3. 农业信息透明

农业领域除可溯源之外，生产者与需求方的信息也存在不透明的问题。一旦区块链技术应用于农业，就可以通过大数据分析，建立种植户、采购商的信用评级参考；利用智能合约在种植户和采购商之间保证公平交易；同时，区块链技术可以提高农产品买卖双方的契约精神。另外，通过数据管理系统，可将经纪人、农民、加工商、分销商、监管机构、零售商和消费者纳入其雷达范围的数据管理系统。

4. 降低生产流通成本

区块链技术运用之后，农业生产流通等环节的成本会大大降低。比如，区块链技术能发挥信息自动存储和数据库的功能，可以减少人工的投入和其他设施的投入；比如，区块链应用可以实现万物互联，可帮助生产商和渠道商降低各项开支；再比如，生产和流通成本降低后，农产品的价格自然也会降低，使消费者获利。除此之外，在农业补贴、土地登记等方面应用区块链技术，还可解决诸多问题。

作为最前沿的技术，区块链频频在农业撞击出新的火花。通过区块链技术，华为"智慧农场"为食品安全保驾护航，沃尔玛减少全球供应链成本1万亿美元，农业银行发展普惠金融，蚂蚁金服为五常大米"验明正身"……区块链技术现已在农业领域得到广泛的认同与应用。

知识点

农产品溯源：农产品溯源一直是农业的一个痛点问题。区块链技术可以对记录实现不可篡改，因此农产品从生产端到流通端，消费者都可以得到翔实的数据，可以实现消费者明明白白消费，提高消费者购买的意愿。农产品溯源可以更好地提升农产品安全性以及食品的安全性。

典型案例

京东农场

早在2018年，京东农场开始探索数字化农业。京东农场通过与各地农场合作共建高品质生产基地，深入种植前端开展生产标准化和规范化探索，搭建从田间到餐桌的全程可视化溯源体系，有效从生产端提升农产品质量和品质，其后又推出"京品源"品牌，搭建起产销全流程服务体系，为传统农业在品牌、产品、渠道和营销等方面的合作项目提供了全面的支持。

从农产品生产、加工、流通到终端销售各环节，京东农场正在用自身在物联网、人工智能、区块链等领域的技术的积累向传统农业开放赋能，用数字化的技术手段深刻变革农业产销模式，推动传统农业向数字化智能化转变。

根据不完全统计，京东农场目前在全国展开了广泛布局，在东北、西北、西南、华东、华南等地实现了创新落地，并且拥有17个京东示范农场。在新基建大潮下，京东农场正在化身"数字农业引擎"，助力中国农业进驻数字化时代。

资料来源：《新基建春风下的京东农场，"数字农业引擎"凸显产业复原力》，见搜狐网（https://www.sohu.com/a/388493628_310397）。此处有删改。

延伸阅读

纳米技术是21世纪主导科学中前沿的主题科学，纳米材料因其具有小尺寸效应、大比表面积、高反应活性、量子效应等特点，而得到了广泛的应用，如医药、材料、信息与通信技术以及环保与能源开发等。近几年，纳米材料与技术在农业领域的应用取得了一定进展，利用纳米科学与技术开发高效、安全的农药新剂型，实现化学农药的提质增效、节量减排和降低残留污染，已经成为当前的研究热点。

1. 纳米农药

为了提高农作物产量，农药在农业生产中广泛应用。但是农药大范围使用的同时造成的农药残留会通过生物富集作用，对人类和环境均造成负面影响。纳米农药的出现，有望解决这一使用传统农药时存在的问题。纳米农药是通过功能材料与纳米技术的结合，使农药有效成分在制剂和使用分散体系中以纳米尺度分散状态稳定存在。纳米农药的使用，既可以控制农药的运输，又可以在最低用量下实现最大的使用效果。由于一些农药缺乏水溶性，在传统的技术背景之下想要使用，就必须以有机溶剂为溶解基质，但是有机溶剂对环境以及田间工作者都不利。利用纳米技术，可以使药物以纳米尺度的微粒、微晶形态均匀分散在固态水溶性载体中，从而形成固体纳米剂型。该剂型在杜绝有机溶剂和大幅度减少表面活性剂用量的同时，提高了难溶性农药在水中的分散性，同时由于其较小的尺寸，与传统的悬浮液相比，也可以增加农药在叶面的粘附性和渗透性，有助于植物吸收，进而提高其生物利用度，节约农药使用量，降低残留污染。

2. 纳米肥料

纳米肥料具有超越常规肥料的潜力。相比于传统肥料，纳米肥料可以将营养物质逐步且有控制地释放到土壤中，从而防止土壤的富营养化和水资源污染。纳米肥料的使用可以提高农作物对营养元素的吸收和利用效率，减少肥料的施用频率，从而避免因过度使用肥料而对环境造成的负面影响。在纳米肥料中，营养物质可以被包裹在纳米材料中，或以纳米级颗粒或者是乳液的形式输送到农作物体内。有研究表明，通过叶面喷施纳米肥料可以促进光合作用，从而提高作物产量。SiO_2 和 TiO_2 纳米颗粒的化合物增加了大豆中硝酸盐还原酶的活性，增强了植物的吸收能力，使水和肥料的使用效率更高。目前已开发出多种可用于改善传统肥料性质的纳米材料，主要是金属基纳米材料和碳基纳米材料，可以影响肥料的吸收、转运、积累，同时对农作物的生长和发育也会产生积极影响。

3. 纳米生物传感器

纳米生物传感器可以监测化肥、除草剂、杀虫剂的含量，有助于实现更精确的水肥管理，从而提高农业生产效率。纳米传感器和基于纳米技术的智能输送系统有助于高效利用农业自然资源，例如水、营养素和化学药品。分散在野外的纳米传感器不仅可以检测植物病毒和其他农作物病原体的存在，也可以监测土壤水分以及 pH 的动态变化，实现对农作物的实时监测。

4. 纳米技术在畜牧业中的应用

纳米技术在畜牧业中的应用可以提高农畜的饲喂效率和营养，最大限度地减少由动物疾病造成的经济损失。纳米饲料可以激发动物自身的自我修复能力，相当于增强了其对疾病的抵抗力。纳米饲料还可以作为抗氧化剂来维持细胞活性，可以减少对抗生素的需求，改善骨骼生长情况，提高磷酸盐利用率和降低死亡率。仔猪饲料中的氧化锌纳米颗粒可防止幼仔腹泻，改善由此引起的体重减轻的情况。银纳米颗粒具有抗菌性能，作为日粮添加剂可以有效改善断奶仔猪的肠道微生物菌群。美国农业部和克莱姆森大学已研发出一种鸡饲料，其中添加了生物活性聚苯乙烯纳米颗粒，可以与饲料中的有害细菌结合，减少食源性病原体。家禽的繁殖性能是影响畜牧业发展的重要因素。纳米技术有助于提高人工授精的成功率，从而提高家禽繁殖的效率。纳米技术可以有效地对父本的生育能力进行检测，并且可以进行精液纯化。现在已有基于纳米颗粒的可育性测试技术和商业化的公牛精液的纳米纯化技术用于牛的人工授精的案例。

资料来源：周闯、李普旺、冯岗《纳米材料在缓/控释农药中的研究进展》，见世界农化网（https://cn.agropages.com/News/NewsDetail-18881.htm）。此处有删改。

深入思考

1. 农业科技革命为农业发展带来了什么改变？
2. 什么是农业科技革命的推动力？

第四节　国家扶贫攻坚计划与共同富裕

> **导语**
>
> 脱贫攻坚精神，是中国共产党性质宗旨、中国人民意志品质、中华民族精神的生动写照，是爱国主义、集体主义、社会主义思想的集中体现，是中国精神、中国价值、中国力量的充分彰显，赓续传承了伟大民族精神和时代精神。
>
> ——习近平总书记在全国脱贫攻坚总结表彰大会上的讲话

2021年2月25日，中华民族的历史翻开崭新篇章。这一天，习近平总书记在全国脱贫攻坚总结表彰大会上庄严宣告：我国脱贫攻坚战取得了全面胜利！困扰中华民族千百年的绝对贫困问题历史性地画上句号，这是亘古未有的壮举，也是人类减贫史上的奇迹。

伟大事业孕育伟大精神，伟大精神引领伟大事业。脱贫攻坚伟大斗争，锻造形成了"上下同心、尽锐出战、精准务实、开拓创新、攻坚克难、不负人民"的脱贫攻坚精神。

千年梦想，一朝圆梦。纵观这段波澜壮阔的历史，我们可以骄傲地说：打赢脱贫攻坚战是我国国家制度和国家治理体系显著优势的生动体现。新时代脱贫攻坚这一伟大实践，为社会主义现代化建设，创造了重要条件，打下了坚实基础，积累了宝贵经验。

一、"贫穷不是社会主义"

贫困问题是当今世界最尖锐的社会问题之一，是古今中外治国安邦的一件大事。贫困问题，更是一个长期困扰中华民族的问题。一部中国史，就是一部中华民族同贫困作斗争的历史。"民亦劳止，汔可小康。"千百年来，小康一直是中国人民最朴素的愿望和憧憬。

1985年4月15日，邓小平同志会见坦桑尼亚副总统姆维尼时指出：我们建立的社会主义制度是个好制度，必须坚持。现在我们搞经济改革，仍然要坚持社会主义道路，坚持共产主义的远大理想，年轻一代尤其要懂得这一点。但问题是什么是社会主义，如何建设社会主义。他认为："社会主义的本质，是解放生产力，发展生产力，消灭剥削，消除两极分化，最终达到共同富裕。""社会主义的特点不是穷，而是富，但这种富是人民共同富裕。"

中国共产党从成立之日起，就团结带领中国人民，为创造美好生活进行了长期艰辛奋斗。新中国成立后，党团结带领人民完成社会主义革命，推进社会主义建设，为摆脱贫困、改善人民生活打下了坚实基础。改革开放以来，党团结带领人民实施了大规模、有计划、有组织的扶贫开发，着力解放和发展社会生产力。

1994年，新中国第一个有明确目标、对象、措施和期限的扶贫开发工作纲领《国家八七扶贫攻坚计划》出台。21世纪以来，《中国农村扶贫开发纲要（2001—2010年）》和《中国农村扶贫开发纲要（2011—2020年）》两个扶贫纲要序贯接力，两次提高扶贫标准。党的十八大以来，党中央把脱贫攻坚作为全面建成小康社会的底线任务，组织开展了声势浩大的脱贫攻坚人民战争。2015年11月29日，《中共中央国务院关于打赢脱贫攻坚战的决定》发布，针对全面建成小康社会最艰巨的任务——2020年农村贫困人口实现脱贫吹响了号角……

回望来路，成绩举世瞩目，这是中国共产党人接续奋斗干出来的。为人民谋幸福，是中国共产党的初心使命；摆脱贫困，是中国共产党人庄严的承诺和担当。

二、"小康不小康，关键看老乡"

"我们实现第一个百年奋斗目标、全面建成小康社会，没有老区的全面小康，特别是没有老区贫困人口脱贫致富，那是不完整的。这就是我常说的小康不小康、关键看老乡的涵义。"2015年2月13日，习近平总书记在陕甘宁革命老区脱贫致富座谈会上指出。

长期以来，我国的经济社会发展总体水平不高，区域发展不平衡的问题突出，制约贫困地区发展的深层次矛盾较多。农村地区的扶贫对象规模大，相对贫困问题凸显，返贫现象时有发生，贫困地区特别是集中连片特殊困难地区，发展相对滞后，扶贫开发任务十分艰巨。可以说，全面建成小康社会最艰巨最繁重的任务在农村特别是在贫困地区，最突出的短板在于农村贫困人口。没有农村的小康特别是没有贫困地区的小康，就不可能全面建成小康社会。

党的十八大以来，以习近平同志为核心的党中央接过历史的接力棒，把脱贫攻坚作为实现第一个百年奋斗目标的底线任务和标志性指标，举全党全国之力向绝对贫困宣战。全党上下快速行动，在精准扶贫方略的指引下，瞄准扶持谁、谁来扶、怎么扶、如何退等问题，构建了体现社会主义制度优势、行之有效的帮扶体系。每个贫困户脱贫背后，都是一套量身制定的脱贫方案、一个相互协同的系统工程、一场改变命运的硬仗——做到"六个精准"、实施"五个一批"，国家扶贫政策精准"滴灌"，贫困地区经济社会发展明显加快。

8年来，党和人民披荆斩棘、栉风沐雨，发扬钉钉子精神，敢于啃硬骨头，攻克了一个又一个贫中之贫、坚中之坚，脱贫攻坚取得了重大历史性成就。农村贫困人口全部脱贫，为实现全面建成小康社会目标任务作出了关键性贡献，创造了又一个彪炳史册的人间奇迹。

三、脱贫攻坚与共同富裕

让老百姓过上好日子，是中国共产党的奋斗目标。脱贫攻坚、全面小康、共同富裕，贯穿于我党团结带领人民艰苦奋斗的不平凡历程，体现了社会主义现代化建设连续性和阶段性的统一，也体现了中国共产党在认识和实践上对解决贫富问题的深化。

（一）三者相互联系、内在一致

脱贫攻坚、全面小康、共同富裕，都是中国共产党适应时代发展、顺应人民期待所确立的发展目标。三者统一于中国特色社会主义事业的伟大实践，统一于中国现代化建设的艰辛探索，也统一于中华民族伟大复兴的千秋伟业，彰显了中国人民追求幸福美好生活的强烈愿望。

具体来说，一是这三者都体现了党的宗旨、党的初心使命，也体现了我们党的价值追求；二是三者都体现了社会主义的本质要求，都是为了促进人的全面发展、满足人民过上美好生活的愿景，都注重发展的平衡性、协调性和可持续性，都强调"一个也不能少"；三是这三者都必须坚持中国共产党的领导，走中国特色社会主义道路，发挥中国特色社会主义制度优势。另外,三者都必须以发展为基础,不断解放和发展生产力;都要靠奋斗凝聚力量,团结奋斗。这是三者共性的方面。

(二) 三者各有侧重、有所不同

从内容特征看,三者内涵不同、不断丰富。脱贫攻坚是为了消除绝对贫困,解决贫困问题;全面小康是经济、政治、文化、社会、生态文明建设一体推进,让老百姓的日子能够过得更好;共同富裕既是物质上的富有,也是精神上的富足,人的全面发展和社会全面进步不断实现。

从目标任务看,三者是梯次推进、循序渐进。脱贫攻坚是全面小康的重要内容和底线任务,只有打赢脱贫攻坚战,才能保证全面小康的"成色"。全面小康是实现共同富裕的重要基础,只有实现全面小康才能为实现共同富裕奠定扎实基础。共同富裕是脱贫攻坚和全面小康的目的所在,只有促进共同富裕,才能真正巩固脱贫攻坚和全面小康的成果,更加彰显中国特色社会主义制度的优越性。

正如习近平总书记总结的"脱贫攻坚战的全面胜利,标志着我们党在团结带领人民创造美好生活、实现共同富裕的道路上迈出了坚实的一大步"。同时,他坚定地指出:"脱贫摘帽不是终点,而是新生活、新奋斗的起点。"要解决我国发展不平衡不充分问题、缩小城乡区域发展差距、实现人的全面发展和全体人民共同富裕仍然需要继续努力。脱贫攻坚目标任务完成后,"三农"工作重心将转向全面推进乡村振兴。

第五节 国家乡村振兴战略与民族复兴

习近平总书记明确指出"乡村振兴是实现中华民族伟大复兴的一项重大任务""民族要复兴,乡村必振兴"。

全面建设社会主义现代化国家,实现中华民族伟大复兴,最艰巨最繁重的任务依然在农村,最广泛最深厚的基础依然在农村。解决好发展不平衡不充分问题,重点难点在"三农",迫切需要补齐农业农村短板弱项,推动城乡协调发展;构建新发展格局,潜力后劲在"三农",迫切需要扩大农村需求,畅通城乡经济循环;应对国内外各种风险挑战,基础支撑在"三农",迫切需要稳住农业基本盘,守好"三农"基础。党中央认为,在新发展阶段,"三农"工作依然极端重要,须臾不可放松,务必抓紧抓实。要坚持把解决好"三农"问题作为全党工作重中之重,把全面推进乡村振兴作为实现中华民族伟大复兴的一项重大任务,举全党全社会之力加快农业农村现代化,让广大农民过上更加美好的生活。

全面实施乡村振兴战略的深度、广度、难度都不亚于脱贫攻坚。在中国共产党的坚强领导下,全国人民共同努力,不断完善政策体系、工作体系、制度体系,以更有力的举措、汇聚更强大的力量,加快农业农村现代化步伐,促进农业高质高效、乡村宜居宜业、农民富裕富足。

没有农业农村的现代化,就没有国家的现代化。要实现"两个一百年"奋斗目标,就必须着力解决我国农业农村这一突出短板。我国要走向富裕,核心是实现共同富裕,共同富裕的核心是缩小城乡差距,让农民富起来。因此,实施乡村振兴战略,对我国的国家发展有全局性、战略性、根本性意义。全面实施乡村振兴战略,要从根本上解决三农问题。要实现乡村振兴,必须立足中国独特的国情农情,顺应历史发展的趋势,把握经济发展的规律,走出一条有中国特色的乡村振兴道路。

深入思考

1. 纵观全球农业发展现状,怎样看待我国乡村振兴战略的重大意义?
2. 从我国国情出发,加快实施乡村振兴战略的关键是什么?

第六节 农耕竞赛与团建交流

导 语

通过开展丰富多彩的主题教育活动,让青少年感知民俗、追寻历史、体验农事、崇尚自然,对于树立文化自信、厚植爱国情怀、提升品格修养、培养奋斗精神等具有重要意义。

——农业农村部、教育部《关于开展中国农民丰收节农耕文化教育主题活动的通知》

学习目标

知识目标：从农耕文化实践教育中，感知民俗、了解历史、体验农事、掌握技能。

能力目标：了解农耕竞赛的基本流程，掌握组织团建与耕读教育活动的内在关联。

素养目标：通过参与农耕竞赛，了解"三农"，培养爱国兴农、艰苦奋斗、重义守信、团结协作等优良品质。

农耕文化是中华优秀传统文化的根基，应时、取宜、守则、和谐等理念深入人心，艰苦奋斗、勤俭持家、重义守信等品质融入血脉，滋养着中华民族的精神家园，具有很高的历史价值、文化价值、社会价值，是鲜活的实践教育资源。

组织开展农耕竞赛与团建交流，其重要意义就在于进一步挖掘农耕文化的育人功能，帮助同学们更为全面、深刻地理解耕读教育的意义所在，提高知行合一的实践能力与协作精神。

一、"激扬青春，振兴乡村""三农"知识竞赛

【活动目的和意义】

回归自然，就是回归最朴实的起点，而农业、农村和农民正是这一起点的开拓者，是我们赖以生存的根本。我国"上万年可持续发展的农业历史，创造了长盛不衰的传统文化。同时，灿烂辉煌的汉文化又丰富了农业的内涵"。"民以食为天"，党和国家对"三农"问题始终高度重视。习近平总书记多次强调："要坚持把解决好'三农'问题作为全党工作重中之重。"

民族要复兴，乡村必振兴。举办"三农"主题知识竞赛，是为了深入学习习近平总书记对"三农"工作和乡村振兴的重要指示精神，也是对知农爱农、兴农强国使命的传承，将会进一步激发同学们学习现代农学的热情，关注"三农"发展，丰富"三农"知识，并将所学内化于心、外化于行，积极投入到学习工作和社会服务中去，能充分发挥专业优势，承青年之使命，担国家之重任，为实现中国梦努力奋斗！

【活动目标】

引导同学们自主学习农业改革发展历史，了解我国"三农"工作及新农科知识，提升科学素养、激发创新精神。同时，希望同学们更好地体会我国农业科技现代化道路的精髓；通过学习有害生物知识，更加全面地了解植物病虫草害；通过体味"三农"歌曲，更加深刻地了解农业农村农民的历史发展。

【活动方案】

1. 竞赛内容

乡村振兴与"三农"方针政策、智慧农业、遗传育种、食品安全与健康、有害生物绿色防控等专业知识。

2. 竞赛参加人员和参赛方式

全校全体在籍学生，特别是涉农专业院系学生。

以院系为单位报名，学生自愿组队，3～5人/队，按主办单位的规定时间，提前报送参赛名单。

3. 竞赛流程

竞赛活动时间为3月1日—4月30日，历时两个月。

（1）初赛：学习、答题阶段（3月1日—3月31日）

参赛人员根据知识竞赛的内容自学，并在线上系统参与答题，答题时间截止到3月31日。答题结束后即进行阅卷，并遴选出15支队伍参加决赛。

（2）决赛：现场竞赛（4月）

采用现场专项答题、抢答、观点论述和成果展示等方式，通过三轮比赛，根据答题积分的高低顺序产生相应奖项。

（3）奖项设置：一等奖1～2项，二等奖3～5项，三等奖5～7项；最佳组织奖6～10项，最佳队员奖3～5名。每个奖项均有奖品和获奖证书。

【知识扩展】

何为"三农"？

"三农"是指农业、农村和农民。

我国是一个农业大国，截至2018年，全国农民约5.6亿人，约占全国总人口的40%，而农业在我国国民经济中处于基础地位，是国民经济建设和发展的基础产业，因此我国非常重视"三农"问题。我国作为一个农业大国,"三农"问题关系到国民素质、经济发展,关系到社会稳定、国家富强、民族复兴。我们要以强农兴农为己任,坚定为中国人民谋幸福、为中华民族谋复兴的初心与使命,扎根充满希望的广袤田野、坚定大有可为的广袤舞台。

资料来源:①张鹏程:《新时代乡村干部政治认同教育研究》,海南师范大学2020年博士论文。②王娜:《守好"三农"基本盘推进乡村全面振兴》,载《中国畜牧业》2021年第5期,第14-15页。

二、"大国三农"英模事迹诵读/歌唱比赛

【活动目的和意义】

在中华人民共和国70多年的农业农村改革发展历程中,不断涌现出英模群体和个人,谱写了名垂青史的感人事迹。通过举办"大国三农"英模诵读/歌唱比赛,用事迹演讲、诗文朗读、歌唱表演等不同的方式,从不同的角度宣传"三农"英雄模范事迹和奋斗精神,展示"三农"发展和美丽乡村变化,讴歌中国共产党在各个历史时期,特别是党的十八大以来领导"三农"工作所取得的丰功伟绩,赞美先进集体和模范人物。用榜样的力量厚植师生"三农"情怀,主动担当、积极作为,培育懂农业、爱农村、爱农民的新时代"三农"英才,激励和带动更多人投身乡村振兴和"三农"发展。

【活动实施方案】

1. 活动参与人员

学院全体师生,亦可邀请其他学院师生参与。

2. 组织方式

师生自行组队,每支队人数在10人以内且需有师生党员参加。比赛分为演讲类和歌舞类两组,分别进行打分评选。

3. 具体要求

(1)题材围绕"传颂大国三农英模,助力美丽乡村振兴"这一主题,用事迹演讲、诗文朗读、歌唱表演等不同的方式,创作或演绎讴歌我国"三农"发展奋斗的先进集体和英模故事。可从以下题材类型中选取其中一种。

一是深挖新中国成立以来"三农"发展历史、辉煌成就背后的奋斗

历程,讲好"复兴"的故事。

二是聚焦改革开放以来"三农"发展的艰辛探索、艰难创业和重大创造背后的宝贵经验,讲好"创新"的故事。

三是传承学校/学院红色办学历史中涌现的优秀科学家、革命先贤的奋斗精神,讲好中大的故事。

(2) 演讲/歌舞每个节目展示/表演时间不超过 8 分钟,演讲稿字数控制在 1500 字左右。

表演形式灵活多样,可使用背景音乐、VCR 或幻灯片等作为讲述辅助内容,但须按要求提前提供相关资料,以便赛前统一调试并彩排。

(3) 参赛选手精神饱满、着装得体、举止大方,可结合表演内容和形式进行造型设计和道具布景。

4. 活动进程

(1) 第一阶段:现场比赛。

师生组队后,将报名信息提交学院,学院于 5 月份组织现场演讲比赛,并在现场评选出一、二、三等奖。

(2) 第二阶段:宣传。

学院将整理获奖师生的表演作品,在学校/学院网站官微推送展播,进一步加强宣传,让更多师生受到教育、得到激励。

【典型活动案例】

情系"三农",爱满红塘——农学院师生暑期"三下乡"社会实践纪实

彩云之南,天高云淡。7 月 17—22 日,中山大学农学院师生 10 人在学院党委书记程月华的带领下,会同合作企业武大绿洲生物技术公司董事长林春鸿、研发中心执行主任陈娇,我校材料学院、医学院 20 余名师生,赴学校定点帮扶点——云南省凤庆县红塘村开展 2022 年暑期文化科技卫生"三下乡"社会实践活动。在凤庆县和红塘村领导的支持下,"三下乡"社会实践活动成果满满:不仅帮扶了红塘村经济发展,密切了院企科教合作,同时也提升了师生的社会服务技能和责任心,为持续开展此项活动奠定了基础(图 5-1)。

图 5-1　中山大学农学院"三下乡"人员合影

劳动实践：体验农耕，锻造新人

7月18日，中山大学农学院"三下乡"实践团的硕士生陆雪、李寿浩、范舒婷、刘超颖，本科生王奥成、邵鼎尊等六名队员，不顾前一天一整天的旅途劳顿，在红塘村干部的带领和茶农的指导下，进行了采茶、除草等田间劳动。

"丛丛茶树似琴弦，纤纤秀指弹嫩尖。"队员们在当地茶农的引领下，走进了清香四溢的茶园，认真学习采茶要领，并顶着烈日、挥洒着汗水展开了一场激烈的采茶比赛。在大家的共同努力下，茶叶填满了一筐又一筐，大家的心中也充满了劳动收获的快乐。

随后，大家又来到金丝皇菊种植田进行除草活动。大家边松土除草，边利用所学的植物学知识辨认作物和杂草的特征及种属，希望用自己的汗水助力禾苗生长，也希望自己的知识将来能应用于生产实践。

实践中最富有创意和挑战的活动，当属7月20日下午学院队员在位于红塘村的一叶生物公司进行的直播带货。当天下午，队员们听取了一叶生物公司负责人关于公司发展概况和主要产品的介绍后，便以"初生牛犊不怕虎"的勇气和助力农产品销售的执着，在有关人员的指导协助下，临时准备尝试核桃、茶叶系列产品直播带货活动，并吸引了医学院黄梓安同学一道参与（图5-2）。有幸的是，同学们直播前遇到了到访的中山大学传播与设计学院原院长张志安教授。张教授热心地给同学们临场做了专业指导，赞许并鼓励同学们勇于尝试、热心服务的惠农行动。在学校挂职干部、凤庆县张哲副县长以及学院老师们的鼓励下，同学们的带货直播初获成功，直播时间30分钟左右，销售成交1093元。

图5-2　同学们在做带货直播前的准备

科技下乡：技术指导，服务"三农"

7月20日上午，在红塘村驻村书记张良友、当地村委会郭书记的带领下，农学院师生和武大绿洲生物公司林春鸿董事长、陈娇主任一行，实地调研当地药材、茶叶种植，生态环境治理和农旅研学基地建设等，并有针对性地提出了技术改进和经营管理建议。

大家首先来到了当地药材种植大户李茂昌的黄精种植地，了解他的黄精等中草药种植及销售情况。当得知他身为中国共产党员时，程书记鼓励他发挥技术专长，多指导、带动周围群众共同致富，并建议村干部重视他作为党员种植能手的带动辐射作用，为他的技术服务提供必要的支持。同行的学院和公司专家与他交换了联系方式，并表示会保持技术和信息交流，共同为乡亲们做好技术服务（图5-3）。

高校劳动教育之耕读教育

图5-3　师生们在中药种植现场交流

接着，学院一行实地调研了金丝皇菊园和茶园，对水涝、连作、塑料覆膜等引发的病虫害防治问题一一作了技术指导。陈娇主任和陈昊、朱冠恒、李晓云老师等还采取了菊苗病株、土壤样本，拟回到实验室进一步化验后给出系统的技术指导方案。对红塘村拟建设有机茶园的设想，林春鸿董事长结合武大绿洲公司的成功案例，给出了面源污染治理、有机肥料施用等系统的指导意见；程书记建议村干部借助中山大学农学院等相关学院的专业优势，制订综合建设方案，科学合理、平稳长效地建设有机茶园示范基地，逐步有序推广。

随后，在村委会的安排下，学院一行在村委会会议室举办了有机茶园和花卉种植科普讲座。陈娇主任结合科研与技术推广实践，介绍了有机茶园病虫害绿色防控实用技术；研究生陆雪根据刘婧娜老师的指导和同学们的实践调研，对金丝皇菊的栽培管理给出了专业指导建议；朱冠恒老师针对茶树的天牛虫害，给出了利用红糖、醋、酒勾兑进行诱杀等易行方法。学院一行深入浅出的技术讲座，不仅得到了村干部的高度重视，而且引起了村民们的互动交流。

讲座交流结束前，程月华书记简要回顾了中山大学农学院与云南省在抗战办学中结下的互助渊源，以及农学院早期办学的杰出校友、茶学系主任陈兴琰先生在凤庆调研、推广滇红茶的历史，表达了复办后的农学院师生对云南省和凤庆县人民的感激之情，表示今后会通过支部共建、师生"三下乡"、科技小院等形式，继续倾力为地方做好科技服务，回馈地方人民。她还代表学院为红塘村小学赠送了篮球、排球、足球、乒乓球、羽毛球等体育用品，希望这里的孩子们健康成长。林春鸿董事长表示，武大绿洲公司会与农学院密切合作，发挥在有机肥料、环境污染治理等方面的技术优势，肩负起企业应有的社会担当，为推进红塘村乃至云南省的乡村振兴做出应有贡献。

文化下乡：参观交流，校地联谊

作为高校师生"三下乡"社会实践活动，耕读文化学习与传播自然是不可或缺的内容。19日上午，农学院6位同学与材料学院、医学院的"三下乡"队友一同参观了红塘村大摆田茶厂。大摆田茶厂建于1952年，是凤庆茶厂下辖的初制所之一，也是目前保留最为完善的苏式风格建筑，是具有红色文化底蕴的老厂。在茶厂工作人员的引领下，同学们参观了红茶生产的萎凋、揉制、解散、发酵、炒茶等主要工艺，学习了凤庆县作为"滇红之乡"悠久的种茶历史，理解了茶树作为当地农民主要收入的"摇钱树"地位。

当天下午，中山大学2022年暑期"三下乡"社会实践文艺展演在红塘村茶厂拉开序幕。张哲副县长到场致辞，高度赞扬了中山大学同学们"三下乡"实践的热情，以及肯定了同学们对红塘村工作的积极促进作用。

同学们和红塘村的文艺骨干同台演出歌舞和诗歌朗诵等13个节目，我院同学参演了4个节目，其中根据学院红色院史传作的诗歌《为了中国人民的饭碗》聚焦我国粮食安全，融入抗战时期中山大学在云南办学的历史，生动展现了中山大学农学院在抗战时期艰苦办学的同时不忘社会服务的家国情怀，以及如今复办推进乡村振兴的决心，引起了到场村民观众们的广泛共鸣（图5-4）。

图 5-4　同学们红色诗文朗诵

　　7月20日下午,学院一行到访了当地一处农耕文化研学基地,参观了鱼稻共生有机循环示范模式。大家在领略迷人的田园风光的同时,也在有机稻绿色防控技术及农耕科普教育等方面与基地负责人进行了深入交流,并达成初步合作意向。

　　7月21日,同学们在返程的前一天,为红塘村的小学生精心准备了一场别开生面的支教课。王奥成同学讲述了番茄的前世今生,通俗易懂地诠释了植物的起源与驯化等科学问题,让学生们兴趣盎然、印象深刻。邵鼎尊同学带来了一节历史课,讲述了中山大学的红色校史和农学院的红色院史,介绍了中山大学农学院发展智慧农业的特色所在,并以"立志要做大事,不可要做大官"结尾,希望孩子们从小立大志、做实事,将来建设家乡(图5-5)。

第五章 我国农业形势与政策

图 5-5　邵鼎尊同学上支教课

"纸上得来终觉浅，绝知此事要躬行。"这代表了学院一行的共同心声。短短四天的"三下乡"社会实践活动，给师生们带来了充实的体验，也留下了深深的眷恋。"三下乡"社会实践活动培养了同学们的核心能力——学习力、思想力和行动力，也增强了老师们和企业专家们服务"三农"的自觉和信心。师生们走向田间、深入基层，为当地民众办实事解难题，也在社会课堂中受教育、长才干。

我们和红塘村的故事才刚刚开始，未来可期！

资料来源：李寿浩、陆雪、陈素玲等《华情系"三农"，爱满红塘——农学院师生暑期"三下乡"社会实践纪实》，见中山大学农业与生物技术学院官网（https://ab.sysu.edu.cn/zh-hans/article/172）。此处有删改。

三、农创园公益劳动比赛

【活动目的和意义】

为全面贯彻党的教育方针，进一步全面和深入开展学校劳动教育工作，通过在智慧农创园劳动教育基地开展公益劳动比赛，让学生走进大自然，感受季节的变化和农耕生态文明，提高学生的劳动素养，培育学生的劳动情怀，促进学生形成良好的劳动习惯、积极的劳动态度和不懈的探索精神，强化学生的社会责任感、创新精神和实践能力。

公益劳动比赛融入农耕时代团结统一、自强不息、勤劳勇敢、艰苦奋斗、勤俭节约等文化精神，并且有利于学生掌握一定的劳动技能，理解劳动创造价值。培养学生具有劳动自立意识和主动服务他人、服务社会的情怀，精益求精的工匠精神和爱岗敬业的劳动态度，学会将书本知识与劳动技术相结合，培养学生的创新思维和创造能力，加强团队意识和班级交流。

【活动方案】

1. 活动时间

3—5月，一天的时间。

2. 活动地点

学校劳动教育合作基地——利亚湾智慧农创园，或其他合作企业的示范园。

3. 活动参与人员和参加方式

师生以班级或者社团组织为单位，提交报名信息到指定邮箱。经审核通过后，在班主任的带领下，前往农创园开展活动。

4. 活动流程

（1）介绍比赛规则。

（2）由农创园活动负责人带领师生学习农创园展馆内容，体验各个农耕劳动项目，了解相关操作和安全事项。

农耕劳动项目包括：传统农耕项目，果蔬种植、采摘、加工等。

（3）分组前往各个项目地开展比赛，由评委按着每组完成时间和完成质量进行积分。

（4）总结和分享：各组派出1～2名学生作为代表，分享一天劳动的总结和劳动体验。

（5）在各个项目完成之后，负责人统计各小组积分，按积分高低顺序评选出一、二、三等奖，并给予一定的奖励。

【保障措施】

1. 组织协调

组织单位与农创园工共同组织协调，统筹推进活动设计、考核评价、文化宣传和安全保障等工作，制订活动实施细则；组织专家每学年定期评估各类劳动实践活动的安全风险，制订应急预案，以应对劳动实践中的各种隐患。

2. 经费保障

做好活动的经费预算和管理，为活动提供可行的经费支持。

3. 强化师资

通过培训交流，建立一支以专业活动指导教师、班主任和辅导员为主，校外创新实践导师为辅的劳动教育师资队伍。

四、"节约粮食"校园微调研

【活动目的和意义】

"谁知盘中餐，粒粒皆辛苦"，有关资料表明，每年我国在餐桌上浪费的粮食有500亿公斤，接近全国总产量的十分之一，能够养活2亿人一年，价值高达2000亿元。"水稻之父"袁隆平院士曾痛心地斥责食物浪费现象："我们国家人口这么多，耕地又这么少，国家投入很大，辛辛苦苦地钻研来提高产量。我们的水稻产量每亩提高10斤、5斤都是很难的，好不容易提高了呢，又浪费了！"习近平总书记强调要坚决制止餐饮浪费行为，切实在全社会营造浪费可耻、节约为荣的氛围。习近平总书记的重要指示，既关乎国民的日常生活，又涉及国家的粮食安全；既是弘扬勤俭节约的中华传统美德，又在倡导科学文明的现代生活方式。

"节约粮食"校园调研活动着重关注校园有无浪费粮食的情况、节约粮食方面的措施，探究粮食浪费产生的原因和改进的路径，并为学校相关部门制订节约粮食措施、提高餐饮服务水平提供参考意见。更能通过学生主动参与、调研成果宣传等方式，促使师生进一步减少粮食浪费现象，进一步增强社会责任心，推进节约粮食的公益活动，为建设美丽校园尽一分力量。"一粥一饭，当思来之不易。"中国人的饭碗要牢牢端在自己手里，就必须尊重农民、反哺农业，大力弘扬优秀的农耕文化，涵养全社会勤俭节约的良好美德。从你我做起，敬畏农耕、节约粮食，为国家粮食安全和全人类农耕文明作贡献。

【实施方案和预期效果】

1. 参与人员

全院师生。

2. 参加方式

师生自行组队，每支队伍以 3～8 人为主，每支队伍需要指导老师进行调研工作的指导。参赛队伍组队后填写报名登记表，并于截止时间之前发到指定邮箱。

3. 调研方式和调研对象

调研可通过观察、问卷、走访等，以线上线下结合的方式，完成初步调研。

调研的对象主要为高校饭堂、高校师生等，建议以某个校区为主要调研对象。

4. 调研成果和应用

（1）调研成果：调研队伍通过初步的调研，收集相关的数据。在调研的同时，查询相关文献材料，在此基础上，分析调研数据和结果，形成调研报告（5000 字左右）。调研队伍在截止时间之前将调研报告和调研数据发送到指定邮箱。

（2）应用和宣传：学院将邀请专家对调研报告进行评选，给予建议，并评选出优秀的调研报告，开展"节约粮食"主题宣传系列推送。同时，将相关调研报告转交给相关部门作为制定政策和措施的参考依据。

【典型活动案例】

中山大学农学院学生开展校园"节约粮食"调研活动

"谁知盘中餐，粒粒皆辛苦"，这句古诗老幼皆知。然而，刚刚跨入大学校园的农院大一本科生们，在校园的饭堂里还是时常有倒掉饭菜、浪费粮食的行为。随着"不忘初心、牢记使命"主题教育活动的开展，学院党支部鼓励本科生就校园浪费粮食的现象进行调研，探究其产生的原因和改进的路径。同学们集思广益、积极行动，通过观察、问卷、走访，完成了初步调研，并在对收集到的师生们的意见、建议做了进一步整理、分析后，面向师生进行宣传，倡议大家从宏观着眼、微观着手，强化节约意识，身体力行节约粮蔬。同时将详细报告给总务后勤部门和饭堂管理者，作为进一步改进工作的参考。

同学们通过电子问卷的形式进行调研，共得到 537 位师生的参与反馈。在参与的师生中，男女比例相对均衡，女性占 45.25%，男性占

54.75%；教工占2.23%，研究生占9.31%，大二至大四老生占29.31%，大一新生占60.15%。调研显示，"从不剩饭"者占27.56%，"偶尔剩饭"者占53.26%，而"经常剩饭"和"餐餐剩饭"者占19.18%。可见，绝大部分师生保持着不浪费粮蔬的良好习惯，但仍有近20%的师生经常会有浪费粮蔬的行为。

进一步的调研分析显示，造成浪费的主要原因是"饭菜分量过多""选中的饭菜不合口味"和"偶然不可预见性原因"。71.69%的师生认为对饭菜分量进行更细致的划分，可以有效地减少浪费现象；但也有7.08%的师生担心影响打饭速度等，而持反对态度。据联合国《2019全球粮食危机报告》显示，2018年全球53个国家约1.13亿人处于重度饥饿状态。对于全球粮食危机现象，师生48.98%"了解且关心"，23.28%"了解但不关心"，27.75%"不是很了解"。

为了进一步减少粮食浪费，令饭堂进一步提高餐饮服务水平，参与问卷的师生们给出了建议，较为集中的建议如下：一是进一步宣传节约粮食的重要性，使之成为全体师生的自觉行动。二是增加饭菜的多种选择。同一菜式设置大份、小份两类，分别定价；快餐式饭菜可以少配米饭，放置一桶米饭由有需求的师生自助添加。三是适当延长供餐时间，改善饭堂菜摆放平台的保温性能，以免做实验或答疑晚到的师生没饭菜吃或只能吃冰冷的饭菜。四是兼顾来自不同地域师生口味的差异，将麻辣、咸等较重口味的菜式单独划区摆放，或予以标注。五是职能部门加强对饭堂的管理、巡查，经常征求师生意见，适当增减、调整菜式，不断改进服务。

本次公益调研得到了广州校区东校园办学的12个学院、深圳校区的10个学院，以及环境科学与工程学院、数据科学与计算科学学院等领导和师生的支持，在此一并致谢：感谢你们，你们的理解与支持，给了农学院同学们极大的鼓舞和信心！农院的本科生通过本次公益调研，初步学习了调查研究的方法，进一步提升了爱校意识和社会责任心，将继续关注、推进节约粮食的公益活动，为建设美丽校园尽一分力量。

资料来源：刘兴基、辛国荣、程月华《崇农惜粮，杜绝浪费，农学院师生在行动》，见中山大学农业与生物技术学院官网（https://ab.sysu.edu.cn/zh-hans/article/310）。此处有删改。

农学院组织"激情燃五月,青春献祖国"综合素养知识大赛

  为了深入贯彻习近平总书记在庆祝共青团成立100周年大会上的重要讲话精神,贯彻落实学校春季工作会议精神,五月中旬以来,学院结合《形势与政策》《国家安全教育》《劳动教育》三门课程,开展了综合素养系列学习教育活动。6月2日,为活跃学习氛围、提升学习实效,在深圳校区,农学院主办、院学生会承办了"激情燃五月,青春献祖国"综合素养知识大赛,同时设置了广州校区线上分会场。农学院程月华书记、胡罡副书记、陈景光院长助理,周潇峰、魏蜜、李晓云等专任教师辅导员和全体本科生参加了比赛。

  本次大赛内容以《形势与政策》《国家安全教育》《劳动教育》三门课程的知识为主,同时涵盖党建知识、时事政治和专业基础知识等内容,旨在深化"五育并举",创新学习形式,激发学生的学习积极性,提升"三门课程"以及专业学习实效,培养兼具学习力、思想力、行动力的复合型创新人才。大赛得到了同学们的热烈响应,2019级、2020级本科生共有14只队伍42名同学参赛,十余名学生党员干部担任工作人员,共有近60%的同学直接参与了比赛,其余同学与新到岗的袁超磊、孙雨晴、郭俊杰老师一同观摩了比赛。

  大赛开始前,主持人博士生米倩倩、本科生张天旭向同学们讲解了大赛各个环节的比赛规则、评分规则和注意事项,并希望所有参赛小组共同维护大赛会场的秩序,在大赛中认真思考、沉着应战、赛出水平、享受过程。

  随后,大赛拉开帷幕,进入烧脑的综合素质比拼。在必答题环节,每个小组严谨又认真地回答每一个问题;在抢答题环节,比拼的不仅是思维敏捷,还有眼疾手快;最后的选答题环节,因为回答正确的得分和回答错误的扣分分值设置均较高,为了赢得最后的胜利,每个小组在专注思考答题的同时,还要与其他小组就"答还是不答"的问题进行心理上的博弈。兴奋的掌声、惋惜的叹息、舒心的笑声,在紧张的赛场此起彼伏(图5-6)。

图 5-6 大赛现场

经过激烈的角逐,此次大赛共产生一等奖 1 项,二等奖 2 项,三等奖 3 项。其中,2020 级本科生夏小语、周云风、姚冬坦同学组成的第七小组一举夺得综合素养知识大赛的一等奖。程月华书记与 2019 级班主任周潇峰老师共同为获得奖项的小组颁发了奖状、奖品并合影留念(图 5-7)。

图 5-7 获奖同学与教师合影留念

最后,程月华书记做了大赛小结。她首先对精心筹备比赛的专业老师和学术社团指导教师,以及学生会同学们的辛勤付出表示衷心感谢,对同学们的参赛热情、大赛中展现出的良好知识素养和蓬勃向上的精神风貌予以赞扬。她指出,"五育并举"是为党育人、为国育才的重要举措,《形势与政策》《国家安全教育》《劳动教育》三门课程是提升本科生综合素养的重要内容;专业基础知识更需要不断积累,打牢基础才能不断提升学习力、思想力和行动力,在将来厚积薄发,成为国家建设需要的创新型复合人才。最后,她希望同学们能弘扬爱党爱国、百折不挠、艰苦奋斗的新时代青年精神,努力学习,不负韶华,在兴农强国、振兴乡村的伟大征程中,开启精彩的人生。

通过大赛,同学们不仅巩固了综合知识,还锻炼了团队协作、心理素质、应变能力。大赛结束后,同学们意犹未尽地议论着比赛题目和赛程安排,表达了对通过大赛形式开展"三门课"综合素养大赛创新形式的惊喜与肯定,希望学院以后能继续多组织形式多样的学习交流活动,并表示如果有向中央电视台"诗词大赛"那样的抢答设备就更完美了。

青春孕育无限希望,青年创造美好明天。学院将不断探索新颖丰富、同学们喜闻乐见的学习教育形式,激励学子毋忘奋斗、积累赋能,在实现中华民族伟大复兴的壮阔征程中书写新时代中国青年的光辉篇章!

资料来源:中大学工《"五育"并举,提升"三力"——农学院组织"激情燃五月,青春献祖国"综合素养知识大赛》,见中大学工官方微信公众号(https://mp.weixin.qq.com/s/0_PlFVmZlTUPBkkmA2vkTw)。此处有删改。

五、"金点子"征集:"中国农民丰收节"庆祝活动策划

【活动目的和意义】

国家农业农村部指出,中国农民丰收节作为新时代党中央设立的重大节日,影响力、号召力、凝聚力不断增强,逐渐成为乡村振兴国家战略的文化符号,是青少年农耕文化教育的重要实践形式。为贯彻落实"中央一号文件"精神,以及中央关于实施中华优秀传统文化传承发展工程等有关文件精神,响应国家乡村振兴战略,凝心聚力,共同维护国家粮食安全,推进农业现代化进程,特开展"中国农民丰收节"庆祝活动策划"金点子"征集,为了使活动深入学生当中,更贴近学生实际需求,现开

展庆祝丰收节活动策划。

【活动方案】

1. 活动主题

"感党恩，庆丰收"庆祝丰收节活动策划

2. 征集时间

6月1日—7月30日

3. 征集对象

全体师生

4. 活动形式

师生以个人或者团队的名义，根据本次征集主题，提出切实可行的策划方案。金点子以学院+班级为单位报送，主办单位将邀请相关专家和部门领导进行评选。

5. 征集要求

(1) 主题鲜明，特色突出，形式新颖，切实可行。

(2) 庆祝活动和学术研讨、科技推广、成果展示相结合，推动产学研合作与"三农"科教文化服务。

(3) 策划方案步骤清晰，表述准确，廉洁高效，成果显著。

6. 奖项设置和宣传应用

征集活动将设置"金点子"优秀奖项若干，一旦被采用，将在官方微信公众号、官网上推送方案实施活动成效，并作总结、提升、推广。

延伸阅读

中国农民丰收节——专门为农民设立的节日

"中国农民丰收节"设立于2018年，是第一个在国家层面专门为农民设立的节日。

节日时间：农历"秋分"。

众所周知，秋分是中国农历"二十四节气"中第十六个节气。秋分时节，风和日丽，丹桂飘香，蟹肥菊黄，正是一派瓜果飘香谷满仓的丰收景象。传统意义上，秋分既是春耕夏种的终点，更是秋收冬藏的起点。因而，国家将每年的秋分设立为"中国农民丰收节"，既是对传统"二十四节气"这种古人智慧结晶的致敬与传承,同时更体现了当代中国人知晓自然更替,顺应自然规律和适应可持续的生态发展观。

节日意义:举办"中国农民丰收节"可以体现党中央对"三农"工作的高度重视,对广大农民的深切关怀,是一件具有历史意义的大事,是一件蕴涵人民情怀的好事,极大地调动起亿万农民的积极性、主动性、创造性,提升亿万农民的荣誉感、幸福感、获得感,展示农村改革发展的巨大成就,同时也展现了中国自古以来以农为本的传统。

丰收节是欢庆丰收的节日,是体验农事的契机,也是传承农耕文明的载体,但丰收节最重要的意涵,还在于让全社会尽快形成关注农业、关心农村、关爱农民的氛围,进一步凝聚任何时候都不能忽视农业、忘记农民、淡漠农村的共识,不断获得重农、强农、惠农、富农的新动能。努力让丰收节成为一个符号,成为一个象征,成为一个动力,成为农民的吉祥物、幸运神!

节日活动:科普宣传、农事竞赛、文艺汇演、诗文朗诵等。

节日的主旨和原则:秉承"庆祝丰收、弘扬文化、振兴乡村"的宗旨,遵循"务实、开放、共享、简约"的原则,坚持农民主体、政府引导、因地制宜、突出特色,开展喜闻乐见的活动,展示科技强农新成果、产业发展新成就、乡村振兴新面貌(图5-8为广州市从化区艾米稻香小镇欢庆丰收节工作人员与嘉宾合影)。

图5-8 广州市从化区艾米稻香小镇欢庆丰收节工作人员与嘉宾合影

资料来源:李达仁《人民网评:"中国农民丰收节",让全社会共享丰收快乐》,见人民网(http://opinion.people.com.cn/n1/2018/0923/c1003-30309368.html)。此处有删改。

六、用好调查研究的"传家宝"——调研报告的写作要点

毛泽东主席多次强调:"没有调查没有发言权""不做正确的调查同样没有发言权"。调查研究是毛泽东同志一生所倡导的科学工作方法,是他一生所极力推崇的思想方法,也是以毛泽东同志为代表的中国共产党人领导中国革命事业不断走向成功的重要方法和保证。

调查报告的写作是开展乡村振兴调研必备的写作技能,即针对发生的某件事情、某项工作去做调查,然后写出报告。调研报告的写作者必须自觉以研究为目的,根据社会或工作的需要,制订出切实可行的调研计划,即将被动的适应变为有计划的、积极主动的写作实践,从明确的追求出发,经常深入到社会实践第一线,不断了解新情况、新问题,有意识地探索和研究,写出有价值的调研报告。

(一)调研报告的基本结构

调研报告的核心是实事求是地反映和分析客观事实,主要包括三个部分。

(1)情况调查。通过深入实际,准确地反映客观事实,不凭主观想象,按事物的本来面目了解事物,详细地钻研材料。

(2)问题研究。在掌握客观事实的基础上,认真分析,透彻地揭示事物的本质。

(3)对策或建议。通过调研提出一些看法或建议,但这不是主要的。因为,对策的制订是一个深入的、复杂的、综合的研究过程,调研报告提出的对策是否被采纳,能否上升到政策,应该经过政策预评估。

(二)调研报告的主要特点

调研报告是整个调查工作,包括计划、实施、收集、整理等一系列过程的总结,是调查研究人员劳动与智慧的结晶,也是调研者需要的最重要的书面结果之一。它是一种沟通、交流形式,其目的是将调查结果、战略性的建议以及其他结果传递给管理人员或其他担任专门职务的人员。因此,认真撰写调研报告、准确分析调研结果、明确给出调研结论,是报告撰写者的责任。

1. 客观性

调研报告讲求事实，通过调查得来的事实材料说明问题，用事实材料阐明观点，揭示出规律性的认知，引出符合客观实际的结论。因此，写入调研报告的材料都必须真实无误，调研报告中涉及的时间、地点、事件经过、背景介绍、资料引用等都要求准确真实。一切材料均出之有据，不能听信道听途说。只有用事实说话，才能提供解决问题的经验和方法，研究的结论才能有说服力。如果调研报告失去了真实性，也就失去了它赖以存在的科学价值和应用价值。

2. 论理性

调查报告的目的是从所调研的事实中概括出观点，而观点是调研报告的灵魂。因此，需要把调研的材料在正确思想指导下，加以去粗取精，去伪存真、由此及彼、由表及里的分析综合，进而提炼出观点。在对事实叙述的基础上进行恰当的议论，表达出论文的主题思想。议论是"画龙点睛"之笔。调研报告紧紧围绕事实进行议论，要求叙大于议，有叙有议，叙议结合。既要防止只叙不议，观点不鲜明；也要防止空发议论，叙议脱节。夹叙夹议，是调研报告写作的主要特色。

3. 简洁性

调研报告的语言应简洁明快，用充足的材料加少量的议论报告客观情况，不要求细腻的描述。但由于调研报告也涉及可读性问题，因此，语言有时可以生动活泼，适当采用群众性的生动而形象的语言。同时注意使用一些浅显生动的比喻，增强说理的形象性和生动性，但前提必须是为说明问题服务。

延伸阅读

毛泽东怎样开展调查研究

毛泽东多次强调"没有调查没有发言权，不做正确的调查同样没有发言权"，把调查研究作为认识世界的途径，并身体力行地在各个时期广泛地开展调查研究。毛泽东的调查具有躬身入局和尊人民为师的显著特征，且对调查的结果研究，始终坚持了实事求是的原则，三者统一体现于调查研究能力不断提升的过程。

躬身入局:"一到下面去跟群众接触,就能感到有生命"

毛泽东认为"一到下面去跟群众接触,就能感到有生命",并"躬身入局",深入人民群众之中,向人民学习,拜群众为师。

调研前充分做准备。毛泽东一生开展的多次调研活动,在调研前都一般会做准备,经过"打腹稿",事先思考调研方案,有些调研他还拟定调查提纲,列出大纲和细目,做足各项准备。例如在韶山银田寺座谈中,他提出的调研问题就有:区乡农会的组织发展如何?农会干部的成分怎样?办审公道不公道?农会办了些什么好事?通过对这些问题的深入了解,他最终取得了丰硕的调研成果。

高质量召开座谈会。毛泽东非常重视通过大范围地开高质量的座谈会以听到真话。他每次召开调查会,规模、人数都会视情况而定,座谈会对象尽可能具有广泛性、代表性。例如在1927年对湘潭、湘乡、衡山、醴陵、长沙的调研中,毛泽东调查的对象就比较广泛,包括各县的党、政、工、农、团,以及各部门负责人和一般人员,参与人数较多。在韶山银田寺调研中,毛泽东善于打开在场每一个人的话匣子,让大家敞开心扉发言。当时现场有30多人,大家一起讨论,甚至还相互争论,在大家的争论中,毛泽东通过去粗取精听真话,自己对实情的辨别也就越来越清晰。

读万卷书行万里路。毛泽东是践行读书与调研相结合的典范,始终倡导"读万卷书行万里路"。据湖南党史陈列馆资料统计,新民主主义革命时期,他开展的调查研究不下60次;社会主义革命和建设时期,他到各地调研不下57次、约2851天,也就是新中国成立后他有约三分之一的时间都在调研。毛泽东正是始终根植于调查研究,才逐步形成科学的世界观、方法论,以正确指导中国的革命和建设。

尊人民为师:"要和群众做朋友,而不是去做侦探"

在革命斗争年代,尽管调查环境复杂艰苦,毛泽东都积极开展调查,哪怕是战火纷飞的情况下,也能沉心调研,始终依靠人民群众,确保调研收到明显成效。

甘当小学生。毛泽东认为"甘当小学生"的调查,是制定正确路线、方针、政策的基础和保障。他以满腔的热忱,以"小学生"的姿态,尊人民为师,不懂就问,不清楚就问,不了解就问。在毛泽东的影响下,以他为代表的老一辈无产阶级革命家的调查,大多做到了"空杯心态",非常务实、不走过场、不搞形式主义,体现了崇高风范和优良作风。

始终依靠群众。毛泽东在长期的社会调查工作中始终依靠群众,带着对人民的深厚感情,急人民所急、想人民所想。他认为,在调研中要做到与人民群众惺惺相惜,"要和群众做朋友,而不是去做侦探"。毛泽东乐于深入群众、深入基层,善于和社会各界人士交朋友,体现了人民情怀,因此调研对象对他知无不言、言无不尽,他赢得了广大人民群众的认可和尊重。

与调查对象交心。毛泽东开展调查,善于通过全面掌握基本情况和典型访谈的方式,与对象以心交心,了解真正的实情。例如,1925年2月至8月,毛泽东在韶山200多天,大半的时间都在进行调查。针对不同类型的典型,他一家一家走访,一个人一个人长谈,并尽可能扩大覆盖面。社会上对组织开展的农民运动到底是"好得很"还是"糟得很"的表扬和批评,他都认真倾听、虚心接受。对于农民运动中的"农民问题",解决得好的和坏的情况都去了解,以全面掌握基本情况。1926年12月,时任中共中央农民运动委员会书记的毛泽东,找来老家的壮年佃农张连初,诚心与他进行面对面、一对一的交流,了解他家里的基本情况,包括粮食、猪油、茶叶等支出情况,以及粮食收成、喂猪、工食等在内的收入情况都进行详细记录。他通过"以心交心""解剖麻雀"的方式,搞好典型访谈,了解真正实情,为下一步决策和工作提供了鲜活的素材。

实事求是:"一是一,二是二"

毛泽东长期坚持从实践中来,到实践中去,认为调查和研究一定要"一是一,二是二",务实地开展调查和研究。

养成长期开展调研的习惯。毛泽东指出:"我们需要时时了解社会情况,时时进行实际调查。"他为党和国家的事业制定的许多路线方针政策,都是长期以实事求是态度进行调查研究的结果。他认为:"调查就像'十月怀胎',解决问题就像'一朝分娩'。调查就是解决问题。"因此,毛泽东无论在革命时期,还是建设时期,都将调查研究作为一种基本的工作方法,经常使用、熟练使用。特别是在新中国成立后的社会主义建设伟大实践中,很多新问题涌现,为了探究问题之因,扭转困难之势,毛泽东向全党发出大兴调查研究之风的号召。从身边的中央政治局常委开始,以上率下，号召大家提高调查研究能力，始终依靠"问策于民"的调查研究来推动问题破解。

善于发现问题解决问题。毛泽东经常广泛深入地开展调查研究，通过深入基层了解情况，在找到事物症结的基础上，发现问题，并及时提出有针对性解决问题的办法。例如，1927年1月在湘乡考察农运时，农会委员长陪一个农民找到毛泽东，农民有一头牛脚跌断了，再不能耕田，农民想把废牛杀了换条小牛，但县里规定禁止杀牛，且未明确废牛能否宰杀，所以这位农会干部不好做主，特请毛泽东出主意。毛泽东充分了解情况后提出自己的观点："县里这个规定很好，是对的；但农民遵守规章，来请示农会，我看这条废牛，可以根据实际情况，又不损害农民利益，就按农民的想法做要得。"

调查后认真思考总结。毛泽东注重理论总结，由感性认识到理性认识，在思考中不断提高真研究问题的能力。例如，毛泽东长期深入群众调研一线，听真话、察真情，善于运用各种科学方法分析研究材料，透过复杂现象洞察事物的本质规律。他撰写的《中国佃农生活举例》《湖南农民运动考察报告》《中国社会各阶级的分析》就是典型代表。

在革命和建设时期，毛泽东思考问题、作决策，都把调查研究作为一切工作的基础，因此提出了很多适合中国实际的好思路、好方法、好举措。毛泽东的调查研究既扎实做到了身到和心到的知行合一，也为自己不断涵育了实事求是的优秀品格。

资料来源：苏亮《毛泽东怎样开展调查研究》，载《学习时报》2022年4月8日，第2版。此处有删改。

【典型范文】

关于现代农业产业园建设情况的调研报告
（2019年9月12日）

根据市人大常委会2019年工作要点和监督工作计划，市人大常委会组成调研组，在市人大常委会张知通副主任带领下，于7月1日至5日对我市现代农业产业园建设情况进行了调研。调研组先后察看了清流县苏福茶叶有限公司、沙县大通农牧有限公司、尤溪县的福建益升食用菌开发有限公司等多个调研点，与政府及相关部门进行了座谈，向产业园区及企业负责人了解生产经营情况。现将调研情况报告如下。

一、总体情况

我市各级政府重视农业农村工作，坚持把现代农业产业发展作为农业供给侧结构性改革的重点工作，把现代农业产业园建设作为推动现代农业高质量发展的重要抓手，持续促进农业增效、农民增收。目前全市有省级现代农业产业园12个，市级16个，县级48个。

（一）政策扶持持续加大。市政府出台了支持特色现代农业产业加快发展政策措施，组建由市政府分管领导牵头的工作专班，从支持项目建设、培育产业龙头、创建知名品牌、扶持园区建设、加强金融支持、强化科技支撑等六个方面支持现代农业产业发展。多数县级政府成立省级现代农业产业园工作协调小组，制定出台扶持政策和编制现代农业产业园区发展规划。2018年以来，省、市级各类农业产业园投入资金11亿多元，争取中央农业生产优势特色主导产业发展资金3000万元，扶持大田县、尤溪县、沙县现代产业园各1000万元。省级现代农业产业园区从事种养殖的生产用电均按照农业生产用电标准下浮30%。

（二）产业链条不断延伸。各地以种业、茶叶、食用菌、畜禽、水果、蔬菜等优势特色产业为基础，突出产业核心打造，不断延伸特色产业链条，推动一二三产业融合发展。尤溪县食用菌产业园依托省级农民创业园，投资1.38亿，建设核心区2000亩，着力打造食用菌工厂化生产集聚区，推动食用菌产业集聚发展。一产实现专业生产，二产推进精细加工，三产与全域旅游结合，发展乡村旅游产业链。清流县着力打造省级现代蛋鸡产业园，以福建省大丰山禽业发展有限公司和福建省鑫鸿盛生态农牧发展有限公司蛋鸡养殖项目（在建）为龙头，建成现代规模养殖功能区、产品加工功能区、营销物流经营功能区，构建现代禽业生产体系和经营体系，打造一个集蛋鸡养殖、加工转化、品牌营销等全产业链一体的现代禽业产业园区，形成了一、二、三产业有机融合发展的省级现代蛋鸡产业园。

（三）农业科技逐步推广运用。一是加强园区与科研机构、农业院校开展交流合作，引进、消化、吸收农业新品种、新技术。全市引进新品种245个、新技术53项。建宁县种业产业园，与省农科院、省农林大、厦门大学、武汉大学建立合作关系，园内建有谢华安等院士专家工作站2个，建有标准化种子检验检测中心、种业科技馆。二是推动企业自主创新。尤溪县推行"首席专家＋领军企业＋示范基地"三结合的集成创新推广模式，食用菌企业获得9个发明专利、31个实用新型专利。三是加大互联网与园区产业的融合发展，推进园区转型升级。积极引导园区农特产品企业利用"食尚三明"电商城、淘宝"特色中国·三明馆"等电商平台展示和销售园区农特产品。沙县大通农牧有限公司借助电商平台"乐子农场"行销全国，提升了价值链，拓宽了增收链。

（四）安全生态发展日益重视。一是重视农产品质量安全。许多园区龙头企业建立标准化基地，纳入农产品质量安全可追溯体系管理。尤溪县建立15个食用菌标准化栽培基地建设，2019年新建5个优质农产品标准化示范基地；201家主体纳入追溯管理，推动"一品一码"追溯管理，推进绿色可持续发展；有48家企业116个产品通过"三品一标"认证。二是推进废弃物资源化利用，促进生态发展。清流县蛋鸡产业园区将蛋鸡养殖废弃物资源化利用，生产有机肥。尤溪县依托德丰生物肥、田伯有机肥等企业，建立"猪＋菌＋果＋菜"生态循环利用模式，实现农业生产废弃物的资源化循环利用。

二、存在的主要问题

我市现代农业产业园建设虽然取得了一些成绩，但也存在一些问题：

（一）发展不平衡，园区总体水平不高。省、市级产业园区创建发展不平衡，永安市和三元、梅列区至今没有省级产业园区。现有现代农业产业园有的园区规划和起点不高，大多数园区规划停留在现成的项目上，普遍存在产业效益不高、聚集功能较弱和农业产业化龙头企业入驻园区少、市场竞争力不强等问题。一些具有比较优势的特色产业未能列入产业园区建设加以扶持。

（二）龙头企业数量少，带动辐射能力弱。一是园区缺乏强有力的龙头企业，产品品牌分散、知名度不高。二是缺乏辐射能力与带动力。有的园区本身产品价值低，竞争力弱，无法吸引周围农户积极地参加到园区的建设与发展中来。三是农民组织化程度不高，农户参与积极性不高，效益低下，无法达到农业增效、农民增收的效果。现代农业发展模式还未形成和发挥作用，距专业化、规模化、品牌化发展还有较大差距。

（三）基础设施薄弱，服务功能不完善。一是建设用地审批手续困难，制约园区发展。在实际用地中存在变相农地非农用、擅自扩大设施用地现象，有的审批林地比审批农地难。二是园区建设自有资金不足，上级资金扶持政策少，园区投资渠道单一，缺乏大项目支撑，后续建设资金普遍缺乏，多元化投融资机制尚未形成。三是部分园区只看到眼前利益，注重园区道路和设施农业建设，往往忽视了园区水利基础设施、防洪减灾、供水保障、环境保护、农业灌溉等基础设施建设，园区生产生活服务功能不够完善，使得园区发展根基不稳，制约园区今后的发展。

（四）创新能力不足，科技含量低。一是自主创新能力较弱。有的园区对科技支撑现代农业发展认识不足，缺乏高层次人才，科技研发能力不足，自主创新科研成果少，产品附加值低。二是农业科技推广应用力度不够。有的园区对我市绿色生态比较优势重视不够，沿用传统生产技术，对生态栽培等技术认识不足、开发不够，新技术、新品种创新和推广能力弱。三是园区组织管理、生产销售能力弱。有的园区虽然规划起点较高，注重生态优势的开发利用和高科技智能技术应用等，但缺乏较好管理团队和技术人员，未能解决好种植品种、季节安排、销售渠道等问题，智能温控玻璃大棚和水培技术用来种植廉价的空心菜、西红柿，成本大利润薄，企业入不敷出，造成大棚设施空置和浪费。

三、意见和建议

为了进一步推动我市农业供给侧结构性改革，抓住产业振兴这一乡村振兴战略关键，切实加强我市现代农业产业园建设，实现农业高质量发展，提出以下几点意见建议：

（一）重投入，进一步加大政策扶持。一是要建立多元化投资机制。一方面要多渠道争取国家、省上的资金和扶持政策，管好和用活财政对农业投入资金。另一方面要制定一些优惠政策，多渠道筹集社会资金。引进民资和外资投入园区建设，积极鼓励农业科技人员带技术入股或进入农业园区承包经营。在搞好园区规划前提下，千方百计引进园区建设经营主体，广泛吸引外资企业、龙头企业开发建设，把现代农业园区建设成为吸纳"三资"的聚集处和促进本地产业发展、农民致富、社会和谐的经济增长点。二是认真贯彻落实好三明市支持特色现代农业产业加快发展政策措施。要进一步落实省级现代农业产业园区从事种植养殖的生产用电按照农业生产用电标准下浮30%优惠政策。要扩大农业保险范围，将设施农业和一些当地特色农产品生产纳入保险范围，对符合保险范围的农作物，市、县两级财政按比例给予保险费补助。引导各金融机构，创新特色信贷产品，通过"福田贷""福林贷"等农业金融产品，加大对产业园的信贷支持。

（二）重提升，推进一二三产业融合发展。一是树立大农业观念。以市场为导向，进一步发挥当地资源优势，不仅要抓好种业、茶叶、食用菌、畜禽、水果、蔬菜等优势特色产业园区发展，同时也要创建竹业、油茶、花卉、中草药等林下经济产业园。二是要认真学习研究中共"中央一号文件"精神，主动对标，围绕我市优势产业、特色产业，精心组织编制一批质量好、水平高和辐射带动面广的现代农业产业园建设项目，主动与国家、省上对接，建设一批有特色有规模的现代农业产业园，力争每个县（市、区）都有省级以上现代农业产业园。三是要培育一批规模大、带动力强的龙头企业，推动龙头企业加快技术改造、装备升级和模式创新，培育农产品精深加工企业，延伸产业链条。四是要推进"农旅""茶旅"结合，重视"互联网+农业"，大力发展第三产业。要把现代农业园区与工业园区、城镇社区、乡村振兴、美丽乡村建设、精准脱贫项目、旅游、康养等有机衔接，打造层次递进、产业互补、规模特色的产业园区。

（三）重带动，促进村集体经济壮大、农民增收、贫困户脱贫。一是要推进优势产业集聚。积极引导农业产业化龙头企业向产业园区聚集，完善园区生产、加工、销售链条，促进要素集中、产业聚集，形成产业集群，最大限度的发挥区域集群效应。二是要积极推进土地规模化经营。引导和鼓励农民把土地承包经营权转化为股权，提高园区土地产出率与生产经营效益。三是创建现代农业发展模式。总结提升"园区+合作社+农户""龙头企业+合作社+农户"等现代农业发展模式，促进村集体经济壮大，促进农民增收，带动贫困户脱贫。

（四）重科技，提高园区创新能力。一是要加大农业科技研究和推广应用。重视生态农业、设施农业、智慧农业发展和相关技术攻关，引领新品种、新技术、新机械开发推广应用，扩大绿色生态农产品的产能。二是加大人才引进和培育。要研究设立农业引智专项配套资金，引进高层次科研人才，引进海外归国高品质人员和专业技术人员建园创业。三是开展交流合作。要强化园区与科研机构、农业院校开展交流合作,加强园区院士专家工作站建设。四是重视科研院所建设。支持市级农业科研院所自主聘用高层次人才入职兼职,重视市农科院菌物研究所建设,支持民营研究机构建设。五是加大职业农民技术培训。要不断加大培训力度,提高职业农民从事现代农业生产技术与管理水平。

(五)重品牌,推进农产品品牌建设。一是强化品牌意识。要结合我市绿色生态比较优势,打造公共品牌,加大"绿都三明·最氧三明""食尚三明""尚书品""三明早蜜"等公共品牌创建和保护工作。二是实施品牌战略。要通过对无公害、绿色、有机农产品进行强有力推介和宣传,在品种、品质、特色、宣传上做好做足文章。三是加大农产品品牌创建力度。要推进每个园区重点打造特色拳头产品,扩大品牌产品生产、销售规模,提升园区农产品知名度、美誉度和市场竞争力。要鼓励龙头企业、合作社等经营主体争创农产品品牌,实施农特产品十大龙头品牌创建提升工程。

资料来源:《关于我市乡村产业振兴发展工作情况的调研报告》,见三明市人大常委会网站(http://www.smrd.gov.cn/zlzx/dybg/202304/t20230412_1895523.htm)。此处有删改。

参考文献

[1] 陈红亮.日美农业保护政策比较分析[D].长春:吉林大学,2006.
[2] 韩可颖.政府补助对涉农上市公司绩效影响研究[D].西安:西安科技大学,2021.
[3] 季嘉慧.现代农业视角下的种植业低碳化研究:基于上海和江苏的比较分析[D].无锡:江南大学,2018.
[4] 金丽华,张学友,钱选诗,等.我国农业科技的发展及其对农业生产的贡献率[J].长江大学学报(自然科学版),2006(2):

206-208.

[5] 国家统计局. 第三次全国农业普查主要数据公报（第一号）[R/OL]. (2017-12-14)[2024-09-25]. https://www.stats.gov.cn/sj/tjgb/nypcgb/qgnypcgb/202302/t20230206_1902101.html.

[6] 四川省农村发展研究中心. 历年"中央一号文件"[EB/OL]. (2021-04-08)[2024-09-25]. https://scrdr.sicau.edu.cn/info/1046/1951.htm.

[7] 王文强. 21世纪以来中国三农政策走向研究：对14个"中央一号文件"的回顾与展望[J]. 江西社会科学, 2017, 37 (7): 51-58.

[8] 罗杭春, 黄波. 现代农业科技革命与我国社会发展关联及影响性分析[J]. 中国农业信息, 2014 (24): 7-8.

[9] 王玉珂, 门玉英, 向军, 等. 我国农业高新技术产业链特征及其发展现状研究[J]. 科技管理研究, 2014 (9): 81-85.

[10] 郑爱泉. 现代农业科技革命对我国农业发展的影响[J]. 农技服务, 2014, 31 (3): 9, 11.

[11] 陈军民. 农业科技革命发展的五大趋势[J]. 农村经济与科技, 2012, 23 (12): 31-32.

[12] 全国脱贫攻坚总结表彰大会隆重举行 习近平向全国脱贫攻坚楷模荣誉称号获得者等颁奖并发表重要讲话[EB/OL]. (2021-02-25)[2024-09-25]. http://www.gov.cn/xinwen/2021-02/25/content_5588866.htm#1.

[13] 迈向中华民族伟大复兴的关键一步：国新办新闻发布会聚焦《中国的全面小康》白皮书[EB/OL]. (2021-09-29)[2024-09-25]. http://www.gov.cn/xinwen/2021-09/29/content_5639929.htm.

[14] 中共中央 国务院关于全面推进乡村振兴加快农业农村现代化的意见[EB/OL]. (2021-02-21)[2024-09-25]. http://www.gov.cn/zhengce/2021-02/21/content_5588098.htm.

[15] 王亚华. 立足国情农情走出中国特色乡村振兴之路[J]. 中国农业资源与区划, 2020, 41 (9): 1-8.

[16] 农业农村部办公厅. 教育部办公厅关于开展中国农民丰收节农耕文化教育主题活动的通知[EB/OL]. (2020-09-10)[2024-09-25]. https://www.moa.gov.cn/govpublic/SCYJJXXS/202009/t20200917_6352228.htm.

[17] 农业农村部办公厅教育部办公厅关于开展中国农民丰收节农耕文化教育主题活动的通知[J]. 中华人民共和国农业农村部公报, 2020 (10): 61-62.

[18] 高明, 郝田田. 农耕文化融入大学生劳动教育的几点思考[J]. 农村.农业.农民, 2022 (18): 51-53.

[19] 范方启. 永不过时的农耕[J]. 参花(下), 2022 (6): 10-13.

[20] 张鹏程. 新时代乡村干部政治认同教育研究[D]. 海口: 海南师范大学, 2020.

[21] 王娜. 守好"三农"基本盘推进乡村全面振兴[J]. 中国畜牧业, 2021 (5): 14-15.

[22] 佚名. 农业科技创新的新闻报道[EB/OL]. (2012-05-02) [2024-09-25]. https://www.doc88.com/p-387305941142.html?r=1.

[23] 徐亚亚, 张衡锋, 林敏. 高职院校宠物医学专业劳动教育与专业教育融合实践探索[J]. 沙洲职业工学院学报, 2021, 24 (2): 52-55.

[24] 张卫. 坚决制止餐饮浪费行为 坚决狠刹餐饮浪费歪风[J]. 中国食品, 2023 (8): 10-17.

[25] 于海军. 学生应参加农耕文化实践[J]. 民生周刊, 2020 (20): 22-23.

[26] 熊荣园, 黄郅皓, 师海军, 等. 五谷丰登主题宴席设计与实践[J]. 食品工业, 2023, 44 (3): 212-215.

[27] 苏亮. 毛泽东怎样开展调查研究[J]. 党课参考, 2022 (12): 99-104.

[28] 徐群. 调研报告的写作[J]. 理论学习与探索, 2007 (1): 69-70.

[29] 我国首次设立"中国农民丰收节"[J]. 现代农业, 2018 (6): 1.

[30] "中国农民丰收节", 让全社会共享丰收快乐[J]. 万象, 2019 (Z2): 19-20.

[31] 熊荣园, 黄郅皓, 师海军, 等. 五谷丰登主题宴席设计与实践[J]. 食品工业, 2023, 44 (3): 212-215.

[32] 李锐. 融合媒体下农业新闻的传播新秩序[J]. 新闻传播, 2023 (1): 6-8.

[33] 郭习松, 方桐, 乐抒. 试论乡村振兴背景下涉农媒体的融合发展和

创新 [J]. 新闻前哨, 2021 (11): 32-33.

[34] 郑辉. 重视"调查研究"这个传家宝 [J]. 上海人大月刊, 2022 (4): 53-54.

[35] 于海军. 学生应参加农耕文化实践 [J]. 民生周刊, 2020 (20): 22-23.

[36] 农业农村部办公厅关于做好2022年中国农民丰收节有关工作的通知 [J]. 中华人民共和国农业农村部公报, 2022 (8): 40-48.

[37] 刘国华. 农业科技园区: 实现新型农业现代化的有效载体: 河南省襄城县农业科技园区发展现状与思考 [J]. 基层农技推广, 2013, 1 (4): 52-54.

[38] 郝朝朝, 张启超. 张家山农业科技生态示范园发展现状及对策 [J]. 榆林科技, 2014 (1): 24-29.

[39] 邓晴雯, 张树深. 现代农业园发展存在的问题及对策 [J]. 现代农业科技, 2010 (7): 379-381.

[40] 折小园. 现代农业园区规划研究与实践 [D]. 咸阳: 西北农林科技大学, 2013.

[41] 张南冰. 河西走廊农产品加工业发展研究: 以甘州区为例 [J]. 甘肃农业, 2017 (10): 44-46.

[42] 刘文钊. 联农带农拓宽富民路! 我市特色农业集群发展, 综合效益日显 [N]. 汕头日报, 2021-09-16 (1).

[43] 邓慈常. 农业稳步发展、农民充分就业和持续增收的根本出路 [N]. 湖南日报, 2009-03-10.

[44] 刘建华. 张掖市甘州区农产品加工业发展的问题与对策 [J]. 农业科技与信息, 2017 (5): 24-25, 27.

[45] 霍川. 资阳市现代农业园区建设对推动乡村振兴的作用及建议 [J]. 现代农业科技, 2022 (14): 188-193.